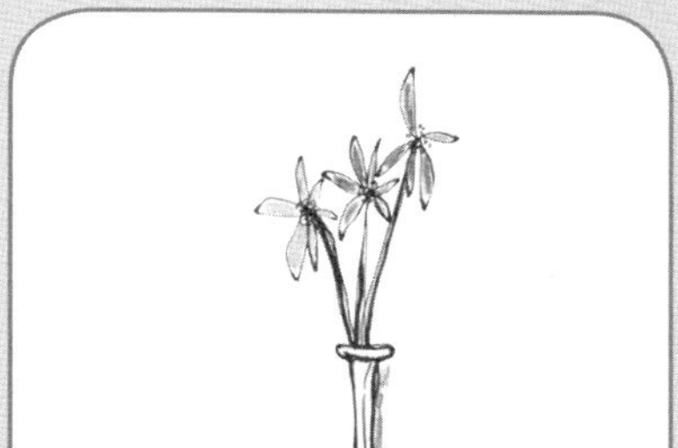

程兆熊作品集 6

一個人的完成

程兆熊 著

完人的生活與風姿之一

一個人的簡單化的入手處，會就是，
一不苛求，二不曖昧，三不猶疑，四不瑣碎。
所謂由狂入聖，就相當於這個意思。

《完人的生活與風姿》推薦序

溫金柯

《完人的生活與風姿》一書，是先師程兆熊先生集先前所撰寫的《一個人的完成》、《大地人物》、《大地邊緣人物》三本小冊子編成的。據彭震球教授的原序，這樣的編輯，是在民國六十四年秋，彭教授給程老師提的建議，並取名爲《完人的生活與風姿》。

這樣彙編成一本書，事實上與程老師原先的著作構思是一致的。《一個人的完成》，是民國三十二年六月，老師在對日抗戰最爲艱苦的階段，受命代表政府，準備收回法國所擁有的滇越鐵路的主權時，寄居在昆明一座寺廟中寫成的；這本小書還有一個副題是「太平之線索」。民國四十幾年，老師在臺灣任教時，繼續以宋明理學人物與禪宗人物爲例，來闡明《一個人的完成：太平之線索》的意思。老師的說法是：「二次大戰期中，余在昆明一破廟中草《一個人的完成》一書，此乃概論性質，然亦頗思以此爲一太平之線索。年來，因試於一草一木中體認中國文化，從而草成《中國庭園花木與性情之教》。以後，遂復試於生活上體認中國文化之兩大異彩，即禪宗與理學，草成《禪門人物之風姿的欣賞》與《理學人物之生活的體驗》。」後二書也就是《大地邊緣人物》與《大地人物》。在集三書編成《完人的生活與風姿》時，又把所述的理學與禪宗人物，各各加上一個附題曰「一個人的完成之一」乃至「一個人的完成之三十」，也就是以三十個人物的言行，來具體闡述何謂「一個人的完成」。這樣就成了既有概論，又有具體實例，相互呼應的著作。

出生於光緒三十三年的程老師，成長在戰禍連連的時代。據其自述，讀大學時，學的是科學，曾經想要「輟學作戰」。後來有緣在杭州遇到熊十力先生，求開示。熊先生引孔子「己欲立而立人，己欲達而達人」之語勉勵他「己未立達，其如人何？」又說：「清季以來，人人攘臂救國，國以救而益危。此其故，可以不長深思耶？」老師說他得到熊先生的教誨，「看後久思」，「以後我即一意向學」，不久又赴法國巴黎凡爾賽園藝學院留學，取得園藝學博士學位。抗戰軍興，民國二十七年，南京失陷，老師方才回國，從軍報國。時年三十二歲。

老師在抗戰階段，曾受命考察七省的訓練事宜。民國二十九年，他給直屬長官陳誠司令寫信，「建議設立中國哲學研究所」。信中說：「職此次奉令視察黔桂湘粵贛閩等七省訓練事宜，爲時半載，並旁及農業設施外，更深有感於各地青年思想之浮動，及社會文化之失其重心，致共黨宣傳，乘虛以入，致各種訓練事業，推行之困難，追原究本，亦均係中心信仰之難樹立，故各地訓練者與被訓練者，均不免視訓練爲例行公事，而發生種種弊端。其治標辦法，已由職另呈建議，惟關於中心信仰之建立，則默察社會文化之需要，除盡量宣傳三民主義，以範圍人心外，竊以爲提倡中國哲學思想之研究，亦屬切要之圖。」老師在抗戰時期遊歷中國大地時，看到的是「各地青年思想之浮動，及社會文化之失其重心」，認爲這是更大的危機。在這樣的背景下，老師以探求「太平之線索」而撰寫的《一個人的完成》，應是有所感而爲。

抗戰勝利後，程老師回到故鄉江西，在原本「鵝湖書院」舊址上辦「信江農業專科學校」，隨後又擴充爲農學院，並爲國防部代辦了兩班青年軍屯墾職業訓練。老師說，「因一己夙習農業，遂頗有長居鵝湖之志，身旁攜此小書原稿，便印作校內諸生自修之用」。看起來，老師在戰後，是有意在宋代理學史上「朱陸之會」的著名之地「鵝湖」，繼往開來，躬身實踐，以講明學問，爲當時的中國尋找「太平之線索」。

程老師在《儒家思想——性情之教》一書，敘述宋明理學的復興，實根基於宋初胡瑗（世稱安定先生）結合「經學」與農業、水利等技藝的「湖學」。這與老師在鵝湖書院舊址辦「信江農業專科學校」，看起來有相同的意趣。老師打算在抗戰結束之後，定根在自己的家鄉，以自己所學的科學與哲學，建立中國太平的基石。

一個人的完成

《一個人的完成》這本書首章的標題就是「太平之線索」，破題就引用韋莊的詩：「長年方悟少年非，人道新詩勝舊詩。十畝野塘留客釣，一軒春雨對僧棋。花間醉任黃鸝語，池上吟從白鷺窺。大道不將爐冶去，有心重立太平基。」老師引用唐末、五代的知識分子韋莊的詩，有一種古今呼應的意味。《新五代史．一行傳序》，開頭就說：「嗚呼！五代之亂極矣！傳所謂天地閉、賢人隱之時歟？」

極亂的時代，呼喚太平的到來。而太平的根基是什麼？韋莊提出了問題，在老師看來，開始解決這個問題的是宋初胡瑗的「湖學」。而胡瑗之所以能夠扭轉亂世，奠定宋明理學的黃金時代，老師在《大地人物》介紹的第一位，所謂「一個人的完成之一」，就是胡瑗，題目是：「胡安定的『得家書見上有平安二字即投之澗中不復展』」。用這樣的故事來說明，亂世的結束，太平的根基，在於一個人的覺醒：「得家書，見上有平安二字，即投之澗中，不復展，這也會是簡單化。只有如此，才可以攻苦食淡。只有如此，才可以終夜不寢。歸歟歸歟？誰能一坐十年不歸？只不過『知歸，知歸』，畢竟一坐十年不歸！就這樣成就了一個『學』，就這樣完成了一個人。這『學』就是『湖學』，這『人』就是胡安定。」

《一個人的完成》的一開始，引用韋莊的詩之後說：「這所謂的『太平基』是什麼呢？這在我的意思是：總須得要有一個人的完成呀！蓋必須眞有了『一個』和無數的『一個』人的完成，這才眞正可以有一個國家的完成，一個世界的完成，以至一個宇宙的完成。」

老師在戰後，想要在鵝湖書院，透過教育，實踐「有心重立太平基」的理想，但不久之後，中共推翻民國政府，建立共產政權，老師離開中國，首先來到臺灣。從此之後，「鵝湖」成了老師一生憶念不已的所在。儘管時不我予，但是老師到臺灣、香港等地，參與香港新亞書院的創辦，在臺灣的臺灣大學、中興大學、東海大學、文化大學等地任教，在臺灣做山地農業資源調查，不辭勞苦，幾乎走遍臺灣包括深山與平地的每片土地。胸懷天下，立志致太平，努力做事，修身養性。這可以說是程老師終其一生精神之所在。老師一生的著述，估計應有百本以上。這本《完人的生活與風姿》從以上的描述，或可以視爲最具代表性的一部，也是認識老師的精神世界的入門。

做爲本書「概論」的《一個人的完成》，提出所謂「一個人的完成」所根據的綱目，依次是：「對人性的了悟」、「做人的重量」、「對人的容量」、「遵循人情的正軌」、「內心的均衡」、「生活的簡單化」，前前是後後的根據。老師又說：「同時，這以上的各種根據，又是互爲根據的，然其各個共同的主要關鍵，還是在一個人對這所謂『簡單化』之涵義的認識的深度，從而獲得的一念的簡單化！」

扼要的說，所謂「對人性的了悟」，指的是：「你當知道，人性畢竟是好的，因此那便要：第一，好話務須多說，其次，世人應予鼓勵！也因此，你就千萬不可以驕！」

所謂「做人的重量」，乃是「德」。「那便是要常懷敬意，又要常懷好意，而見之於外的，則為端重」。

所謂「對人的容量」，就是「氣度」和「雅量」。「除了對人有一種極大的容忍外，並且對自己還有一種極大的情緒上的超脫」。

所謂「人情的正軌」，就是做事做到恰到好處與有分寸，所謂入情入理。

所謂「內心的均衡」，就是洒脫和不動心，是心安理得之相。

所謂「生活的簡單化」，就是「生活的原則性」與「生活的清明性」。

綜上所述，我認為，老師所說的「一個人的完成」，指的是在「宇宙內事乃己分內事，己分內事乃宇宙內事」的認知下，修練著「人情練達、世事洞明」的待人處世之道，以及「閒居獨處，清明在躬」的自處之道。老師則說：「此實一修養之道，亦即教育之道，亦即訓練之道，並亦為延年益壽與安樂永康之道。」

老師在《一個人的完成》中，除了舉中國史書中智愚賢不肖的故事為例，來說明上述各個綱目的內容，也不乏西洋人，諸如拿破崙、亞歷山大、愛因斯坦、歌德、愛默生等人的例子。而在《大地人物》、《大地邊緣人物》中，又以宋明理學人物和禪師們的風格作略，做更加深入的闡釋。老師的文筆極佳，所描述的人物風姿躍然紙上，使讀者對於什麼叫做「完成的人」有親切而生動的認知。老師說：「苟讀者亦願活看此書，活看理學，活看中國文化，則區區之意，既獲所償，而於世當不無小補。」

老師在此書中所呈現的思想規模，可以視為是中國人文思想的彙整。如《大學》所說的，平天下，其基礎在於「正心誠意、格物致知」。又如《中庸》所說的「喜怒哀樂之未發謂之中，發而皆中節謂之和。致中和，天地位焉，萬物育焉」。事實上，修練「人情練達、世事洞明」的待人處世之道和「閒居獨處，清明在躬」的自處之道，何嘗不是佛教的精神呢？如《大智度論》所說的「般若將入畢竟空，絕諸戲論；方便將出畢竟空，嚴土熟生」，也是同樣的意思。老師經常提到明儒王龍溪所說的「聖學明，佛恩益有所證」，對於佛教乃至基督教與回教，都抱持著同情的理解與敬意。老師說：「孔門之氣象萬千，宋明儒者之篤實凝斂，而禪門人物又盡為豪傑之士，凡此固皆大時代之所孕育而成，但亦正所以促成大時代之終於來到。此豈可以小模小樣，與夫小小心眼以識取之乎？今之一切，只是小，而一切罪惡，即皆自小中與窄中來。於此推擴得開，即是一絕大本領。」在此，老師所斥的，乃是當代儒者中，以門戶之見闢佛的風氣。這是老師的氣度和思想高度。事實上，閱讀老師在《大地邊緣人物》中對於禪者的詮釋，也可見到老師的智慧犀利，每每令人心開意解，拍案叫絕。

筆者就讀文化大學哲學研究所碩士班時，曾選修老師教授的「儒家哲學」課。碩士論文以佛典《俱舍論》爲題，老師爲指導教授。在此之前，讀政治大學哲學系時，尚未親炙老師，就讀到《完人的生活與風姿》一書，並深深喜愛。對於書中所述胡安定的故事印象最爲深刻，知道立志之要。對於邵康節對程伊川所說的「面前路徑須令寬，路窄則自無著身處，況能使人行也？」引以爲誡。對於程明道的「坐如泥塑人，然接物渾是一團和氣」，覺得大開眼界。這些三十歲左右讀的書，到今天年逾花甲，反思起來，竟然是「存之於心，永誌不忘」的教誨，可謂一生受用不盡的閱讀。老師的著作，把「哲學思想」與修練「如何待人處世、獨居自處」連繫起來，對一個哲學系學生來說，應該是很有啓發的吧！

今年初，華夏出版公司重印程老師的《高山行》、《高山族中》、《山地書》、《臺灣山地紀行》等山地四書，李惠君女士邀集先師的門人共襄盛舉。我們識與不識的學長們都歡喜踴躍，一起參與，並在全臺各地舉辦十場座談。對懷念先師的我們來說，這眞是不可思議，也是令人備感欣慰的活動。簡總編輯上月表示有意重印《完人的生活與風姿》，並邀筆者撰寫序文。筆者不敢推辭，謹述如上。

民國一一一年五月七日

彭序

不知是由於情性的契投，還是由於對人文世界的嚮往，這些年來，我竟成爲程兆熊兄的忠實讀者。他一有新著，我必先設法讀到。在他的許多著述中，我特別喜愛他談論人物情性的作品。最先，我讀到的是《大地人物》一書，當看到宋明理學們那篤實沈潛的器宇，那清操自勵的志節，就令我怔忡多時！其次讀到《大地邊緣人物》，見到禪門大德們，風標萬古，妙語如珠，心中再顯一度靈光。最後纔讀到《一個人的完成》，他綱舉目張，平心論人，至此我又憬悟到一個完美人格的完成，是要經過無限歷程的。這三部書，我都留下了深刻的印象。然時湮日久，這些書早已絕版，現時已很難讀到了。去秋，我乃建議兆熊兄，將此三書重新排印，並合訂成一冊，總稱爲「完人的生活與風姿」，兆熊兄即欣然應允。

這三本書雖是先後寫成，卻是血脈一貫，聲氣相通的。《大地人物》一書，作者從宋明學案中選出若干突出的人物，運用妙思，塑造成不同人物的類型，引領讀者，同觀先賢風範。這裏所塑造的，有的如和風甘露之溫純，有的如泰山喬嶽之高卓，有的如皎月懸空之明淨，有的如汪汪萬頃陂之量度，各本其氣質之差別，呈現赤裸裸的心靈，做那個時代的見證人。我們知道：宋明時代的理學家，遭際不遇，時在淒風苦風中過生活；人在風雨裏，心情悲苦，一念及大地生靈，一念及歷史文物，一念及千載之下的未來國家，內心的孤憤幽憂，就化為砥礪志節的力量，激發為偉大人格的光輝了。所以宋明諸儒的德行學問，是從生活實踐中體驗得來的。

《大地邊緣人物》所描述的，都是是禪門的大德。我國自晉唐以來，禪門人物，各具風姿，慧光流轉，以啓迪眾生。故本書所述，從達摩的行跡，德山的來勢，雲門的敲門，……以至臨濟的托開，投子的投明，道吾的不道，各有妙諦，各顯神通。禪師們的棲止，起初僅是一個衷心的嚮往，隨後便是一個絕妙的行踪。他們處身叢林，竹窗留影，蓮池印心，語言動定，皆入三昧。外頭儘是天翻地覆的世界，這裏卻是天清地寧的局面；外頭儘管是吵吵鬧鬧的聲音，這裏卻是諄諄懇懇的言詞。禪師們又各有絕大的本頭，凡疑遇難，著手便判，身心世界，全體放下。作者以他敏捷的想像力，把握一刻間的意象，又能創造一份得心應手的活言語，給每一位禪師的風姿，點染一些光彩，收到人物表現的恰當效果。

《一個人的完成》一書，雖是較早寫成的作品，在我卻是最後讀到的。平心而論，每個人的完成，雖不必太過求顯赫膨脹，亦不必奢求建立豐功偉業，人要希聖希賢，總先要從盡性做起。能盡一己之性，就能盡人人之性。因此，一個人的完成，要能面對現實環境，要能面對人生世局，作深度的體驗，從心靈的深處，呈現人性的光輝，就能得到生命的安頓，創造幸福的生活。本書的內容，從太平的線索說起，接著說到人性的了悟，做人的重量，對人的容量，人情的正軌，內心的均衡，生活的簡單化，歸結到一個人的完成。這一系列的論述，會古今人物於一處，集時空生活於一體，可說是一冊完整的「人學」論著。

我們深知：人的歷史，由「質」到「文」；人的生活，由「簡」到「繁」，自是必然的演進。惟我們總憂懼歷史過於「文」，人性必會趨於光滑浮薄，到頭終會陷落的；因而我們總希求一己能夠走出光滑的平面，盡力向上提昇。我們又憂懼生活過於「繁」，人性必顯得光怪陸離，到頭終會迷失了自己；因而我們總希求一己能夠擺脫不相干的羈絆，力求生活單純化。這是立己立人的原則，成事成物的道理，希望讀者能夠多加省察。

我們讚賞先賢及禪師的生活與風姿，係出於個人衷心的景仰。然更重要的是，要能發掘自身的本性，調和一己的才情，使個人氣質之稟，得到中和的發展，不偏不蔽，不剛不柔，不清不濁，處人而不失己，持己而不失人，循此中道而行，必可保持自己的才情個性，又能在社會群體中，得到安身立命之所。這一種生活態度，未知能得讀者同意否？我眞不敢一言肯定。

中華民國六十五年仲夏
彭震球寫於台北寓所

《一個人的完成》重印前言

此一小書，係於民國三十二年六月作於雲南昆明市郊之大石壩興隆寺內，當時正爲抗日戰爭步入最艱苦之一階段，而當地之滇越鐵路之主權，則猶在法國人之手中。余以曾留學法國之故，被派至該處，即一方面準備收回此一鐵路之工作，而一面則蟄居寺中，寫此小書。迨此鐵路從法人手中收回以後，乃回故鄉創設私立信江農業專科學校，後改爲信江農學院。此乃合以前信江書院與鵝湖書院而成者。因一己夙習農學，遂頗有長居鵝湖之志，身旁携此小書原稿，便印作校內諸生自修之用。不憶數年之後，河山頓改，乃居港九，任教於桂林街之新亞書院凡兩載，而此書仍存。嗣後又八年有半，重回新亞，而新亞已大爲擴充，非復桂林街時代之新亞。當經數月之麻煩，終於重回新亞之際，錢校長賓四先生特向新亞同學介紹，說我於勞謙二字，能夠做到，而爲所不及；唐教務長君毅兄，則謂我淡而不厭，簡而文，溫而理等等。我當即答以凡此幾皆使我因慚愧而汗流，因感激而淚下。隨又自述一己總覺世界過於繁複，故二十餘年以來，總希一己能簡單化。又念世界日趨於平面，故二十餘年以來總深懼陷落，而時希一己能自上提。此或即為一己稍能勞謙，稍能平淡之故，然此勞謙與平淡之道，終屬一無窮無盡之道。於此致力，實有其無限之過程，故深願與新亞同學共勉。歸至寓所，稍檢行囊，又見此一小書之殘稿，並以前在桂林街新亞學術講演會所講〈二十世生物科學上之生命解釋〉一演講稿。曾於農曆元旦整理之。另有〈劉邵《人物志》與陳襄《經筵論薦》〉一文，曾於新亞生活上一度發表者，深覺為與新亞同學共勉計，有一併重印之意義。又禪門精語，每為人所不易見到，原擬附刊於拙著《大地邊緣人物》一書中，惟未及排印，茲一併附此，亦不妨便覽。時日如流，世局多變，曾以太平之線索為此一小書之副題，又曾續作《大地人物》，以從生活之體驗上，論宋明大師。作《大地邊緣人物》，以從風姿領悟上論禪門大德。更作《論語講義》，《孟子講義》，及〈孔子之態度與孟子的氣概〉等文，以與世人，同觀聖賢。凡此固皆有其一己之深感。本此以言，則此一小書，實有其一種概論之性質。雖自問此後所論，較此已大有所進，但終不忍棄之。甚望讀者，不吝指正。

《完人的生活與風姿》推薦序 007
彭序 015
《一個人的完成》重印前言 019

一、太平的線索 023
二、人性的了悟 035
三、做人的重量 043
四、對人的容量 053
五、人情的正軌 065
六、內心的均衡 077

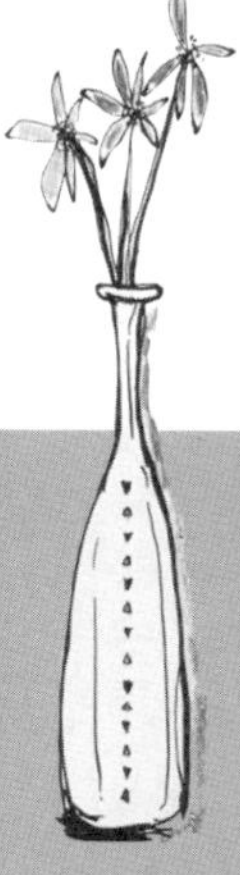

CONTENTS

七、生活的簡單化 089
八、一個人的完成 101
附一、二十世紀生物科學上之生命解釋 111
附二、劉邵《人物志》與陳襄《經筵論薦》 131
附三、禪門精語 141

CONTENTS

一、太平的線索

韋莊有詩：「長年方悟少年非，人道新詩勝舊詩，十畝野塘留客釣，一軒春雨對僧棋，花間醉任黃鶯語，亭上吟從白鷺窺，大盜不將爐冶去，有心重築太平基」。

這所謂「太平基」是什麼呢？這在我的意思是：總須得要有一個人的完成呀！蓋必須眞有了「一個」和無數的「一個」人的完成，這才眞正可以有一個國家的完成，一個世界的完成，以至一個宇宙的完成。

而一個人的完成所應根據的，自我視之，則為一個人對人性的了悟；

而一個人對人性的了悟，則應根據一個人的做人的重量；

而一個人的做人的重量，則應根據一個人的對人的容量；

而一個人的對人的容量，則應根據一個人所應遵循著的人情的正軌；

而一個人的人情的正軌，則應根據一個人的內心的均衡；

末了，一個人的內心的均衡，則應根據一個人的生活的簡單化。

同時，這以上的各個根據，又都是互爲根據的，然其各個的共同的主要關鍵，還是在一個人對這所謂「簡單化」之涵義的認識的深度，從而獲得的一念的簡單化！

老子說：「天得一以清，地得一以寧。」《易經》載：「天下之動，貞乎一者也。」又載：「子曰：天下何思何慮？天下同歸而殊途，一致而百慮，天下何思何慮？……」又載：「乾以易知，坤以簡能，易則易知，簡則易從，易知則有親，易從則有功，有親則可久，有功則可大，可久則賢人之德，可大則賢人之業，易簡而天下之理得矣。」又孔子說：「天何言哉？四時行焉，百物生焉，天何言哉？」——凡此都可說是一念的「簡單化」的涵義之最好的銓釋。

人的歷史由「質」到「文」，人的世界，由「簡」到「繁」，而人性的要求，當一個人極其清醒而又能排除雜念時，細細想來，會又是什麼呢？

這在我的意思是：人性在要求著一種觀念的簡單化，要求著「文」的「質」化，要求著化繁爲簡，以簡馭繁，和「一以貫之」，要求著「不疾而速，不行而至，無爲而成」，而且要求著「與天地精神相往來」，要求一種「無聲之樂，無體之禮，無服之喪」，並要求著一種超越時間性和空間性的眞的藝術境界，或詩的境界，而對其所居住的世界，則要求一種土的氣息。盧騷說：「凡是經過人的手的，都是不好的。」這話應該更正確地說：「凡是經過多少帶著土的氣息的手的，還依然是好的。」人的手並不壞，只是一個人的一念之未能「簡單化」，這才把手弄糟了。這隨之而來的後果，第一便會讓一個人的生活不能簡單化而失其意義，其次便會讓一個人的內心不能簡單化而失其均衡，再次便會讓一個人對人情的處理不能簡單化而無由獲其正軌，再次便會讓一個人對人和做人的方式不能簡單化，以致無由具備其一種應有的容量和重量。末了便會讓一個人對人性的看法不能簡單化，以致一輩子也不能對著人性有若何之了悟，而長讓其一己和世界以致整個宇宙都零零落落！

還有上面所說的「一種超越時空的眞的藝術境界」，亦可說之爲「一種從體到面，從面到線，從線到點的無長廣厚的簡單化的境界」，並可說之爲一種從「做人的重量」到「對人的容量」到「人情的正軌」再到「內心的均衡」，從而有其對「人性的了悟」和「生活的簡單化」的境界。《中庸》載：「德輶如毛，毛猶有倫，上天之載，無聲無臭至矣。」像以上所說的境界，亦可以說就是無聲無臭的境界。《莊子》說：「德有所長，形有所忘。」亦就是這個境界。其實，像這樣簡單化的境界會不僅是一個人的人生的至高境界，而且還會是一個國家的治道的無上境界，因爲和人生一樣，政治是科學，也是藝術，而且還是一種簡化的藝術。所謂「垂衣裳而治天下」之治，就是至治！

從前，太公封於齊，五月而報政，周公便問道：「何速也？」太公回答道：「吾簡其君臣，禮從其俗。」又伯禽到了魯國，三年而報政，周公又問道：「何遲也？」伯禽回答說：「變其俗，革其體，喪三年而後除之。」於是周公便批評說：「後世其北面事齊乎？夫政不簡不易，民不能近，平易近民，民必歸之。」——這所謂「簡易政治」，亦就是「垂裳」之治！

漢時，丙吉做宰相，常常到外面去，遇民眾打架，死傷都不問，碰到牛喘，卻使人問道：「逐牛行幾里矣！」於是有人笑丙吉問得不對，丙吉便說：「民鬥，兆京所當禁，宰相不親小事，非所當問也。方春未熱，恐牛近行以暑故喘，此時氣失節，三公調陰陽，職當憂。」當時大家都說他「知大體」——這「知大體」的政治，亦就是「簡易政治」。

《唐史》：唐刑部尚書李日知不行捶撻而事集，刑部多令史，受敕之日，忘不行，日知怒，欲捶之，既而曰：「我欲捶汝，天下必謂汝能撩李日知嗔，受日知杖，不得比於人，妻子亦將棄汝矣。」遂釋之，吏皆感悅，無敢犯者。又載：浦州刺史陸象先，政尚寬簡，吏民有罪，多曉諭遣之，嘗謂人曰：「天下本無事，但庸人自擾之耳，苟清其源，何憂不治？」又載：德宗尊郭子儀爲尚父，加太尉，兼中書令，時上以山陵近禁屠宰，子儀之隸人犯禁，金吾將軍裴諝奏之，或謂曰：「君獨不爲郭君地乎？」諝曰：「此所以爲之地也，郭公勳高望重，上新即位，以爲群臣附之者眾，吾故發其小過以明郭公之不足畏，上尊天子，下安大臣，不亦可乎？」——這所謂「清其源」，及用心深遠之政治，正亦就是所謂「知大體的政治」。

《宋史》：宋太宗欲相呂端。或曰：「呂端爲人糊塗。」太宗曰：「端小事糊塗，大事不糊塗。」決意用之。端居位持重，識大體，以清簡爲務。又載：程顥被旨赴中臺議事，王安石方怒言者，厲色待之，顥徐言曰：「天下事非一家私議，願平氣以聽之。」安石爲之媿屈。顥上疏言：「臣聞天下之理，本諸簡易，而行之以順道，則事無不成，捨而之於險阻，則不足以言智矣，況於排斥忠良，沮廢公議，一二小臣，實與大計，用賤凌貴，以邪防正者乎！」——這「大事不糊塗」及「行之以順道」的政治，亦就是那「清其源」與「用心深遠」的政治，這都是所謂政治藝術，而人生亦復如是！《莊子》有幾句話說得好：「其動也天，其靜也地，一心定而王天下，其鬼不祟，其魂不疲，一心定而萬物服，言以虛靜推於天地，通於萬物，此之爲天樂，天樂者，聖人之心，以畜天下也。」所謂政治藝術和人生藝術，亦正是以其「心以畜天下」的政治和人生，因此把你的心或你的觀念，盡量地簡單化，所謂「易簡之善配至德」，這於一個人的完成有所裨補，而於一個國家以至一個世界的完成，從而到一個宇宙的完成爲止，都會是大有裨補的。

在一個人對人性所應有的了悟上，你當知道，人性畢竟是好的，因此那便要；第一，好話務須多說，其次，世人應予鼓勵！也因此，你就千萬不可以驕！

史載：賈思伯（北魏人）爲侍講，帝常從思伯受《春秋》，思伯傾身下士，或問曰：「公何以能不驕？」思伯曰：「衰至便驕，何常之有？」

據此所謂：「驕」，歸根究底來說，實在是一個人在其秉性中的生命力的欠缺，也正是一個人連自己也看不起自己的一種表示。

一個人的做人的重量之大小，乃依據著一個人的德性，即一個人在其秉性中所潛藏著而又亟待發掘著的無限的德慧，在這裏是一樣有幾件極其要緊的事課給人們的：那便是要常懷敬意，要常懷好意，而見之於外的，則爲端重。

史載：梁侯景百道攻城，晝夜不息，陷臺城，邵陵王綸奔會稽，柳仲禮等叛降景，景廢蕭正德以爲大司馬。梁王（蕭衍）聞城已陷，安臥不動，嘆曰：「自我得之，自我失之，亦復可恨？」俄而，景入見於大極東堂，以甲士五百人自圍，梁主神色不變，景稽顙殿下，不敢仰視，汗流披面，退謂王僧貴曰：「吾嘗跨鞍對陣，矢刃交下，而意氣安緩，了無怖心，今見蕭公使人自慴，豈非天威難犯？吾不可以再見之。」

到那時，梁主還爲什麼會「天威難犯」呢？這當然是由於他的端重。宋儒對所謂「氣象」亦極要人重視，也就是這個道理。

一個人對人的容量是所謂「器識」、「氣量」或「氣度」，氣度大的是所謂偉度，氣量好的是所謂「雅量」。雅量除了對人有其一種極大的容忍外，並且對自己還有其一種極大的情緒上的超脫。

史載：謝安得驛書，知秦兵已敗，時方與客圍棋，攝書置床上，了無喜色，圍棋如故，客問之，徐答曰：「小兒輩遂已破賊。」

像這樣一種情緒上的超脫，就是所謂「雅量」，雖然後來，「過戶限不覺屐履之折」，然究比常人高出多多。

所謂人情的正軌，就是一個人，在人情上能夠平其情，抑其情，盡其情，從而珍重著一些人情味，再加上一些幽情，所謂柔道，所謂致中和之道，這都是一串的人情的正軌。在這裏，做事做到恰到好處和有分寸，所謂入情入理，這是必要的。

《宋史》：宋太宗相李昉，和厚多恕，在位小心謹慎，每有求進用者，雖知其才可取，必正色絕之，已而擢用。或不足用，必和顏溫語待之，子弟問其故，昉曰：「用賢人主之事，若受其請，是市私恩也，故峻絕之，使歸恩於上。若不用者，既失所望，又無善辭，取怨之道也。」

似此所述；這就是所謂「有分寸」和「恰到好處」，這就是所謂入情入理！

在一個人的內心的均衡上，需要的是「淡然無極，志定神澄」，憑什麼也不動，這就是所謂洒脫和不動心。孟子曰：「我四十不動心。」這不動心就是一種「天清地寧，心安理得」的和最不易測的精神的深度。

史載：王通（文中子）詣闕上書獻太平十二策，上不能用。罷歸，通遂教授於河汾之間，弟子自遠而至者甚眾，累徵不起，楊素甚重之，勸之仕。通曰：「通有先人之敝廬，足以庇風雨，薄田足以具饘粥，讀書談道，足以自樂。願明公正身以治天下，使時和年豐，通也受賜多矣，不願仕也。」或譖通於素曰：「彼實慢公，公何敬焉？」素以問通，通曰：「使公可慢，則僕得矣，不可慢則僕失矣，得失在僕，公何與焉？」素待之如初。

像這樣一種心安理得之相，和不動心之相，當然亦就是一個人的內心均衡之相。

在一個人的生活的簡單化上，兩件最不可缺少的事是：一爲生活的原則性，二爲生活的清明性。

所謂生活的原則性，亦可說是生活的出發點，一個人總要有一個最基本的生活法則，而由此作其全部生活的說明。至所謂生活的清明性，用古話說，就是「清明在躬」。程明道有言曰：「涵養到著落處，便清明高遠。」而在這涵養裏，我以爲學問當較其他百事，尤爲重要。

《宋史》：張詠在成都，聞寇準入相，謂僚屬曰：「寇公奇才，惜學術不足耳。」及準知陝，詠適自成都還，準嚴供帳，大爲具以待，詠將別，準送之郊，問曰：「何以教準？」詠徐曰：「霍光傳不可不讀。」準莫諭其意，歸取光傳讀之，至不學無術，笑曰：「此張公謂我矣！」

程明道先生說：「博學而篤志，切問而近思，何以言仁在其中？學者要思得之，此便是澈上澈下之道。」於此，我們當可以領悟，學問一事在一個人的生活的簡單化的大道上，會有其怎樣的地位？

至於我所說的一個人的一種觀念的簡單化，從另一意義上去看，則是以上所述各點之臻於純熟，而成妙用。所謂：「挑水砍柴，莫非妙道。」——這即是一個人的簡單化，亦即是一個人的完成。朱子曰：「周之初興時，周原膴膴、堇荼如飴，苦底物亦甜，及其衰也，牂羊墳首，三星在罶，人可以食，鮮可以飽，直恁地蕭索？」大概一個人以至一個國家，在初興起的時候，總是氣象蓬勃的時候，而也就是百事簡單化的時候。於此，一個人的簡單化的入手處，會就是，一不苟求，二不曖昧，三不猶疑，四不瑣碎。所謂由狂入聖，就相當於這個意思。而一個人的簡單化的關鍵則不外乎「恕道與信心」，並不斷地一如宋儒所說：「誠敬存之」，使其勿失。所謂「居敬而行簡」究與「居簡而行簡」大異其趣，此實一修養之道，亦即教育之道，亦即訓練之道，並亦爲延年益壽與長樂永康之道，「此道不可須臾離，可離則非道」了。

爲了要讓我的話，說的更切近一點，我還不妨說：所謂簡單化，亦正不過是要一個人去識其「大者」、「遠者」。史載：李愬降吳元濟，還軍交城，諸將請曰：「始公敗於朗山而不憂，勝於吳房而不取，冒大風盛雪而不止，孤軍深入而不懼，然卒以成功，皆眾人所不諭也，敢問其故？」愬曰：「朗山不利，則賊輕我，不爲備矣，取吳房，則其眾奔蔡，併力固守，故存之以分其兵，風雪陰晦，則烽火不接，不知吾至，孤軍深入，則人皆致死，戰自倍矣，夫視遠者不顧近，慮大者不計細，若矜小勝，恤小敗，先自撓矣，何暇立功乎？」眾皆服。——這雖然表面上是一種軍事上的道理，但其實卻是一種可以應用於任何方面的大道理，所謂識其「遠者」、「大者」亦就是所謂「畫龍點睛」，把握要點，如此，你便可「善於通變」。明道先生有句語：「惟善通變，便是聖人。」這就是那簡單化的應用。所謂化繁爲簡，以簡馭繁，和「一以貫之」，亦就是這個道理。

「大道不將爐冶去，有心重立太平基」。我們在這樣一個很簡單的「簡單化」的道理裏，我們將可以獲得一個人的完成，而且還可以進而獲得一個國家的完成和一個世界的完成，以至一個宇宙的完成。

假如一個人的生活未能簡單化，那麼一個人的內心的均衡，是不是可能呢？所謂「其爲人也多欲」，而不知「止其所止」，「均衡」會自然是不可能的。反之，則便如程子所說：「知止則自定，萬物撓不動」，這即是「均衡」！

若是內心失其均衡，即是其情不能平、不能仰、不能盡，亦即是「其心不虛明」，這樣，一種人情的正軌，就應當會談不上、把不定了！

程明道先生說：「大凡把捉不定，皆是不仁。」這不仁，便是不寬，如此一來，試問對人又還能有其容量麼？

一個人對人沒有一種應有的容量，便是所謂寡德之人。「德不孤，必有鄰」，無鄰的人，或自絕於人的人，還能有其應有的做人的重量嗎？

一個人做人失其應有的重量，就是無足重輕，絕不會有爲有守。這無爲無守的人，自不會有其對人性的了悟。而一個失其對人性的了悟的人，自不會有其一個人的完成。

如此，一個國家的完成，一個世界的完成，以至一個宇宙的完成，自然會是渺茫的。而所謂「太平基」也就談不上了。

以上說的是一種太平的線索，亦就是一個人的完成之線索！

二、人性的了悟

一個人的完成，是要成其爲人，是要大有意義地成其爲人，而且要永遠大有意義地成其爲一個人，這必須根據著一個人對人性的了悟。今請進論著人性的了悟。

胡文定有頌云：「手握乾坤殺活機，縱橫施設在臨時；滿堂兔馬非龍象，大用堂堂總不知。」這所謂大機大用，可以說都繫於人性的了悟上。

當拿破崙充當法國砲兵軍官團指揮攻土倫（Toulo）時，他在毫無掩蔽之處造一砲臺，於是便有人告訴他說：「這將找不著人去扼守。」拿破崙當即貼上一個告示，寫著：「無畏者的砲臺」幾個字。這樣一來，那砲臺便隨時有人去扼守了。有人說：「拿破崙的成功，得力於作戰法則和戰略研究者少，而得力於他對戰時人性的深刻了解者多。」這話是不錯的。

唐太宗時右饒衛大將軍長孫順德，受人餽絹。事情被發覺了之後，唐太宗就說道：「順德果能有益國家，朕與之共有府庫耳，何至貪冒如是乎？」而且還顧念他的功勞，並不加罪於他，只在殿庭上賜給他數十匹絹，於是大理少卿胡演便說道：「順德枉法受財，罪不可赦，奈何復賜之絹？」太宗當即答道：「彼有人性，得絹之辱，甚於受刑，如不知愧，一禽獸耳，殺之何益？」當太宗起事之前，晉陽宮監裴寂與劉文靜同宿，見城上烽火，裴寂便說：「貧賤如此，復逢亂離，將何以自存？」文靜就笑說道：「時事可知，吾二人相得，何憂貧賤？」於是文靜便結納太宗，並對裴寂說：「此非常人，豁達類漢高，神武同魏祖，年雖少，命世才也！」這裏分明看出了唐太宗之所以爲非常人及其所以成功之因素，主要的就是由於「豁達」。所謂豁達就是對人情與人性的了解，看他對長孫順德之貪　而反賜絹數十匹，所謂不罰之罰，自是一種機恬和一番妙用，其偉大之成就，當然不會是偶然的。

一般說來，人性似乎是莫測的，俗語說：「人心不同，各如其面。」這種所謂人心，會使人想到人性，德國夏克地將軍在其所著《軍人魂》一書中曾有幾句話，大意是說：人是最複雜而古怪的傢伙，可是在一位大藝術家的眼光裏，這正是一種最好的藝術材料。這意思如加以引申起來，也可以說，只要對人性有所了解，那麼所謂「人」便不成問題，而越是麻煩，便越是可愛。程明道先生說過一句話：「抱得不哭的孩子有什麼用？」又從前禪師家也說著「死水不藏龍」的話，這分明都是一種對人性觀察得十分透澈、欣賞得十分有趣的話。

其實人性的底蘊，並無若何深淺之不同，只是人對人性的認識卻有長短高下之各別，涅槃有三獸渡河，喻兔浮水面，馬才沒身，象直到底，謂澈法源底，猶俗言步步踏著，水無深淺，足有長短，法無高下，智有明昧，人對人性之了解，會有種種程度上之差異，亦正如此。

美國鋼鐵大王每年要付一萬美金給史華卜（L. Shwab）先生，據說是因為史華卜知道對付人的藝術。他說：「我以為我自己最大的優點是能夠鼓勵起人家的熱忱，要叫人家能夠盡心盡力去做事，最好的辦法是能夠賞識他，上司的指摘是更容易消滅人們的雄心的，因此，我時常讚美人家，而不去吹毛求疵，我還沒有看見一個人在被指摘時，能比被讚美時把事辦得更好。」這雖然是一些對人性最膚淺的了解和最膚淺的運用，但人們從這裏做個起點，若真能把人性當作一個礦藏，而肯不斷地去發掘著，那就會有無上的收穫。

據說史華卜有一次曾奉鋼鐵大王之命，去整頓一個工作效能低落的鋼鐵分廠，這工作一般人都感到十分棘手，可是史華卜先生一到了那分廠，就發現了那分廠工人工作有日班夜班之別。當時日班工人做了七個工作單位，超出了夜班工人之工作，於是史華卜先生於視察全廠之後，即於夜班工人上工進出處，在地上寫一個很大的七字。夜班工人發覺後，即知自己工作單位不及日班，因一致奮發，於當晚做了八個工作單位，散工時即將七字改為八字；隨後日班工人上工，見七字改為八字，遂又加緊工作，做了九個單位，並將八字改為九字。如此日夜班工人彼此改來改去，工作效力竟超過了其他各廠。這可以說是對人性的一種利用，這種利用，如其是存心光明而又正大，那是很可將人性上美妙之處盡量加以發揚，從而使世界爲之改觀的。

美國煤油大王霍克斐爾（Rcokefller）的成功秘訣，據說也是得力於能以誠懇的賞識態度待人接物。世界是喜歡春光明媚的，世界是不會喜歡秋風蕭瑟的。那相信人的至善的，是被世界所喜歡的人。那相信人的至惡的，是不會被世界所喜歡的。

「樂道人之善」是孔子的話，可是美國的富蘭克林也說著「我不說人家的壞話，我要說人家的好話」呀！

或者會有人問：「好話不能有那麼多，好話說完了又怎樣？」像這樣的問，其實是問得無謂的。我們只能說：「人家總難免有著過錯，對人家的過錯，我們不能一概以好話了之。」誠然，這是不能一概以好話了之。不過對著這事，我人總得要委婉一點，巧妙一點，暗示一點，不好動不動就像法官一樣去判決著。約翰生博士有句話說得好：「就是上帝非到世界末日，也不判決世人。」這除上面引的史華卜先生寫七字的故事和唐太宗的話以外，我還可以說一段拿破崙的故事。當拿破崙帶著一群七長八短的部隊越過阿爾卑斯山在阿爾哥（Arbole）打了一個大勝仗之後，他猶毫不疲倦地半夜巡視他的兵營，他發現了一個哨兵拿著槍打著瞌睡，這瞌睡當然是軍法所不允許的，可是拿破崙卻輕輕地接過那哨兵的槍，替代那哨兵放著哨，不久哨兵醒了，見此光景，不覺叫一聲「要命了！不得了！」而拿破崙卻馬上去安慰他，說道：「好朋友，不要緊，像你這樣勇敢的武士，在打了這樣一個勝仗之後，打一會瞌睡卻是應當的，不過下一次你要是再打瞌睡，你卻要選擇一個適當的時候。」這眞是妙人妙語，而其中更自然藏著妙用。

梁山泊的人們，個個都是英雄好漢，可是他們的領袖卻是宋公明，要問宋公明有什麼本領麼？據水滸傳之所描述，則逢人送銀子說好話，可以說就是他唯一的本領。然而要是再仔細研究一下，他送銀子與說好話兩件事中，說好話比送銀子還不知重要到多少倍。「送銀子」對一批英雄好漢們，除作爲一種暫時的弱點之利用外，主要的意義，還是用來對這一批英雄好漢們，作一種精神的鼓勵。

我們不能不說人性是好的，人性是要求好的，人性所不可缺的是好的說話和好的鼓勵，人與人之間，好話總須多說一點，而且既然生在這世界上，對這世人總得要多多鼓勵一番。拉斯金（Raskin）說得好：「在每個走近你的人裏尋覓優美的和健全的東西，尊重那個，欣賞它，並且你若能夠試試看，模仿它，而你的過失，便會像枯葉那樣，當它們的時期到時，便都會紛紛落下來。」從前王陽明曾看得滿街都是聖人，同時我們也有幾句古話，所謂「善與人同」，所謂「見賢思齊」，這些話語，確實都是夠人受用的。要知：人性是好的，我與人都是好的，自己的過失和自己以外的人的過失，那都不算什麼，因為那都是暫時的，到頭來，彼此會終歸是好的。

據現代兒童教育學說上所闡揚的則律，獎的效力，遠較懲的效力為大，打罵著孩子們，實在是一種不應有的罪過，和極其愚昧的舉動。抱得哭的孩子，只要你稍微耐心一點，是就會不哭的。我說出這話，或許你將認為沒有什麼意思，因為你會辯說著：「我們不是孩子。」但這辯論，我以為是不必要的。在西洋有句流行的話，「孩子是人類的父親」，這並不是說孩子們長大了會做父親，這話是有甚深的涵義的。就人性上說，孩子們表演得更明白，孩子們是最喜歡人家對他們說著好話，對他們鼓勵著，你以為這是孩子們的簡單麼？也許是的。因為孩子確是簡單，然而人性也畢竟是單純的啊！而且人性迫切的要求會就是簡單化，從人性上說，會只有簡單化才是好的。好的言語，好的鼓勵，這是對人性簡單化的一種最好的助力、並可以說是唯一的方法。我們不要看不起孩子啊！

相傳孔子至周，問禮於老子，老子曰：「良賈深藏若虛，君子盛德若愚。」孔子去，謂弟子曰：「鳥吾知其能飛，魚吾知其能游，獸吾知其能走，走者可以為網，游者可以為綸，飛者可以為矰，至於龍吾不能知其乘風雲而上天也，老子其猶龍乎？」可是老子自己卻自思自嘆道：「我獨泊兮其未兆，如嬰兒之未孩。」又說「專氣致柔，能嬰兒乎？」孩子們在哲人的眼中，是與成人並無兩樣，而且與所謂「至人」還更接近。我們在人性上要求著單純，要求著簡單化，因此好話務須多說，世人應予鼓勵，這就成了所謂大機大用了。這是一種對人性的了悟呀！

三、做人的重量

一個人對人性的了悟，如其僅僅是了悟，那還是「智及之，仁不能守之」。要有爲有守，就須根據著一個人做人的重量。今請再進論著做人的重量！

象山每引句云：「仰首攀南斗，翻身倚北辰，舉頭天外望，無我這般人。」又說：「宇宙內事，乃己分內事，己分內事，乃宇宙內事。」從這裏，我們應當可以看出做人的重量。孟子說：「死有重於泰山。」這話分明可以引申起來說：「必須生有重於泰山，始會死有重於泰山。」

近人嚴又陵先生臨死時，曾慨然嘆道：「做人分量不易，」我們知道人的一生，會好容易地輕輕過去著。像這樣輕輕地過去而無分量地生著，這就是表示做人沒有重量。

一個人在世間，最可悲的是沒有重量，所謂「死有輕於鴻毛」，所謂「不足重輕」，都是說明著一個人沒有重量。

一個人的偉大，總是以一個人做人的重量爲正比例的，這就是說：一個人越是偉大，越是有重量，同時反過來說亦十分對，即是一個人越是有重量便越是偉大。但是所謂偉大或所謂重量的根源是什麼呢？必須明白的是；這絕不會僅屬於一個人的聰明才力，或所謂私智。禪師家每斥情識知解爲鬼家活計，日下孤燈。這所謂情識知解，就相當於私智，私智不足重，而德性則至足寶。在一個人的秉性中所潛藏著而亟待啓發的無限的德慧，即德性，這就是所謂「贊化育，參天地」的憑藉。這比照所謂私智，會正如莊子說的：「日月出矣而爝火不息。」或如佛書所說：「佛放光則諸天光如聚墨。」於此，我們說一個人的偉大，或做人的重量的根源是德性，這是不會錯的，這很可以取證於每個人的內心的深處，以至經驗的角落裏。

《說苑》載：「堯存心於天下，加志於窮民，痛萬性之罹罪，憂眾生之不遂也。有一民飢，則曰此我飢之也，有一人寒，則曰此我寒之也，一民有罪，則曰此我陷之也，仁昭而義立，德博而化廣，故不賞而民勸，不罰而民治，先恕而後教，是堯道也。」這堯道，我們自不能不承認其偉大，承認其厚重，孔子對此亦曾贊道：「大哉堯之爲君。」而爲君在堯亦只是做人，其德性之廣，自足形成其一種做人的重量。關於我國歷史上另一位偉大人物即夏禹王，《說苑》亦記載著：「禹稱民無食，則我不能使也，功成而不利於人，則我不能勸也，故疏河以導之，鑿江通於九派，灑五湖而定東海，民亦勞矣，然而不怨者，利歸於民也。」

這說明禹之棄其私智而合於德性。

又史載：「禹出見罪人，下車問而泣之。左右曰：『夫罪人不順道故使然焉，君王何爲痛之至於此也？』禹曰：『堯舜之人，皆以堯舜之心爲心，今寡人爲君也，百姓各自以其心爲心，是以痛之。』」又禹濟江，黃龍負舟，舟中人懼，禹仰天嘆曰：「吾受命於天，竭力以勞萬民，此天所以爲我用也，夫生寄也，死歸也，奈何憂於龍焉？視龍猶蝘蜓，禹顏色不變，須臾龍俛首低尾而逝。」孔子對禹的讚辭，亦有「禹吾無間然矣」之語，像這種做人的重量，自然會是沒有話說著的。

一個人，總需要有眞情實感，由此眞情實感而來之一副正直心腸，這亦就是德性，佛氏亦言「直心是道場」。十方如來同一道，故出離生死，皆以直心，似此直心，自然會是一個人的做人的重量的根源。

又正直心腸，亦即所謂慈悲心腸，讓慈心攝受著一切，這自然只有那眞情實感之人士始能如是。佛門圓悟勤禪師說了一段與儒家學說極相近似的話：「日月運行太虛，未嘗暫止，不道我有許多名相，天普蓋，地普繁，長養萬物，亦不道我有許多功行，得道之人亦復如是，於無功用處施用功用，一切順違境界，皆以慈心攝受。」似此慈心，亦正所謂「仁者渾然與物同體」，在這裏當然著不得一點私意，著不得一點疑滯。與物有對，這便會將一己變輕，似此意旨，禪家法眼宗有一段對話，很有所啓發。當時天臺韶在法眼坐下，有僧問：「十二時中，如何得頓息眾緣去？」法眼曰：「空與汝爲緣耶；色與汝爲緣耶？言空爲緣，則空本無緣，言色爲緣，則色心不二，日用中果何物與汝爲緣乎？」韶聞言有省。又有問者曰：「如何是曹源一滴水？」眼曰：「是曹源一滴水！」韶於是大悟，平生疑滯，渙然冰釋，在這裏，那所謂私智私意，自然是無從安排的。

史載：商大旱七年，大史占之曰：「當以人禱。」湯曰：「吾所爲請雨者民也，若以人禱，吾請自當！」遂齋戒、剪髮、斷爪、素車白馬，身嬰白茅，以爲犧牲，禱於桑林之野，祝曰：「無以余一人之不敏，傷民之命。」請看！這語句說來是如何鄭重，這意思想來是如何嚴重？這心腸忖來是如何沈重？伴著直心而來的是慈心，伴著慈心而來的是犧牲，要犧牲才有重量，要有最大的犧牲，才有最大的重量，而所謂犧牲，除了這「吾請自當」之精神外，自然是私意私智之斷然去除。

史載；「隋陽帝至江都，荒淫日盛，酒巵不離口。然見天下危亂，亦不自安，退朝則幅巾短衣，徧歷臺閣，汲汲顧景，維恐不足，仰視天文，謂蕭后曰：『外間大有圖儂，然且共樂飲耳。』因飲沉醉，又引鏡自照曰：『好頭頸，誰當砍之。』后驚問故，帝笑曰：『貴賤苦樂，更迭爲之，亦復何傷？』」請看：這就是私意？這「好頭頸誰當砍之」與「吾請自當」之句，其一輕一重之比，正是所謂私意與德性之分。

晉惠帝嘗在華林園，聞蝦蟆叫，就對左右說道：「此鳴者爲官乎？爲私乎？」左右便戲弄他說：「在官地者爲官，在私地者爲私。」時天饑荒，老百姓餓死，惠帝聽了說：「何不食肉糜？」這樣當然是所謂癡愚，當然是所謂戇騃！可是那所謂奮其私智者，又是怎樣呢？其實那可笑可憫之處，還會有什麼不一樣呢？看看吧？

一：王戎爲三公，與時浮沉，無所匡救，委事僚幕，輕出遊畋，性復貪吝，園田遍天下，每自執牙籌，晝夜會計，常若不足，家有好李，賣之恐人得其種，鑽其核。凡所賞拔，專事虛名，阮咸之子瞻常見戎，戎問曰：「聖人貴名教，老莊明自然，其旨同異？」瞻曰：「將無同？」戎嗟嘆良久，遂辟之，時人謂之三語椽。——這是所謂「鑽李核」和「將無同」的私智。

二：殷浩少與桓溫齊名，而心競不相下，溫嘗輕之，浩既廢黜，雖愁怨不形辭色，常書空作「咄咄怪事」，久之，溫謂椽超曰：「浩有德有言，向使作令僕，足以儀刑百揆，朝庭用違其才耳。」將以浩爲尚書令，浩欣然許焉，將答書，慮有謬誤，開閉者十數，竟達空函。溫大怒，由是遂絕，卒於徙所。——這是所謂「達空函」的私智。

三：武則天以蘇味道同平章事，味道前後在相位數歲，依阿取容，嘗謂人曰：「處事不欲明白，但模稜持兩端可矣。」時人謂之蘇模稜——這是所謂「模稜之技」的私智。

像這樣「鑽李核」、「將無同」、「達空函」與夫「模稜」之技，總可謂奮其私智，幾臻上乘，然其爲可笑可憫，竟至於今。到頭來，究「爲私乎」、「爲官乎」一念之差，蔽其德性，千載之下，自有餘痛。至所謂奸雄滑士，盜竊之徒，史之所書，不一而足，其所奮之私智，可鄙可恨，更不足說了。

「諂諛」亦是植根於所謂「私智」，然其可笑，實更有甚於聞蝦蟆之問。史載：「武則天朝郭霸以諂諛拜御史，中丞魏元忠病，霸往問之，因嚐其糞，喜曰：『糞甘則可憂，今若無傷也。』元忠大惡之。」又載：「楊再思爲相，專以諛媚取容，司禮少卿張同休，易之兄也，嘗召公卿宴集，酒酣戲再思曰：『楊內使面似高麗。』再思欣然，即剪紙帖巾，反被紫袍爲高麗舞，舉坐大笑。時人或譽張昌宗之美曰：『六郎面似蓮花。』再思曰：『不然，乃蓮花似六郎耳。』」試想這「糞甘則可憂」、這「高麗舞」、這「蓮花似六郎」等等所謂「私智」，會是怎樣一種惡作劇？到頭來，「爲私乎？爲官乎？」悲夫！

此外任性與縱欲亦是根源於私智，後唐莊宗名李存勗，曾爲了取悅他的太太劉夫人，便和一班戲子在宮庭裏演著戲，自己取了一個戲名叫李天下，時常自己叫著自己說「李天下，李天下」，有個戲子叫做敬新磨的，馬上跑上去打了他一個耳光，他臉色都變了，於是敬新磨慢慢地說道：「理天下，有一個人，你還叫誰呢？」這樣一來，他反高興起來，獎賞這敬新磨。他又愛打獵，有一次在中弁打獵，踐踏百姓的田，當時中弁縣令就在他的馬前替老百姓說話，極力勸止他，他便怒起來，要那位縣令滾開，並且還將要殺掉那縣令，敬新磨知道不好，於是帶了那一班戲子，把那縣令捉來放在他的馬前，責道：「汝爲縣令，獨不知吾天子好獵耶？奈何縱民稼穡，以供賦稅？何不飢汝縣民，而空此地，以供吾天子之馳獵？汝罪當死？」於是跑去請他行刑，那班戲子同聲附和著，引得他自己也大笑起來。這樣一來那縣令才算免了一死。

一個人到了這樣，這就是所謂忘形，忘形任性的結果，便是縱欲忘身。史載：「唐太宗謂侍臣曰：『吾聞西域賈胡得美珠，剖身以藏之，有諸？』侍臣曰：『有之。』上（唐太宗）曰：『人皆知笑彼之愛珠而不愛其身也。吏受財抵法，與帝王狥奢欲而亡國者，何以異於彼胡之可笑耶？』魏徵曰：『昔魯哀公謂孔子曰：人有好忘者，徒其宅而忘其妻。孔子曰：又有甚者，桀紂乃忘其身。亦復是也』。上曰：『然，朕與公輩宜戮力相輔，庶免爲人所笑也。』」我們很可以細細想一想，爲了私意私心私慾私智，而失其德性，從而失其爲人的重量，以致輕浮不定，跌倒在地，這又何苦呢？

佛氏言：「如人從地而倒，亦從地而起。」起倒在人，做人的輕重自亦由人作主。在這裏，一個人最須重視著的會就是那一轉念間！史載後唐明宗每每於宮中焚香祝天曰：「某胡人，因亂爲眾所推，願天早生聖人爲生民主！」這一念眞是聖潔的一念，這就是發自德性的一念，有此一念，自然會有其做人的重量！又載：「文天祥性豪華，平生自奉甚厚，聲伎滿前，及奉詔勤王後，痛自抑損，盡以家資爲軍費，每與賓客僚佐，語及時事，輒撫几嘆曰：「樂人之樂者，憂人之憂，食人之食者，死人之事。」聞者爲之感動，像這樣沉重的話，當然是會令人感動的。而人之德性，其所顯現的特徵，也可說就是能感。所謂「感」而遂通天下之故，人若是無感，那便就是痲木，痲木就是不仁。仁者與天地合德，所謂「天無私覆，地無私載，日月無私照」，人能到此境地，便即是所謂「曹溪一滴水」，單純極了。「願天早生聖人」，而「憂人之憂」，這之間，自然是有做人的無比的重要的！

話，當然也不妨說低一點，說近一點和說淺一點，一個人要是他能夠對好的享受馬虎一點，對壞的或不好的，也能夠去領略一點，那麼所謂做人的重量，我想還不會是怎麼夠不上的。

在西洋史上有一位亞歷山大，他在橫行於歐非之後，便爲了要征服印度而過波斯，中途發生了一個最大的問題，就是缺了飲水，全軍都渴極了，經過衛隊到處尋找的結果，亞歷山大本人才得到一杯飲水。於是部隊集合了，亞歷山大手持那杯水說道：「現在飲水是找到了，只要前進，水是不會缺乏的。」說完了，那杯水也被倒在地上，全軍看見了他以大王之尊，竟在十分口渴時，有水也不喝，於是都被感動得對他發了誓，就是「大王到那裏去，他們一定跟到那裏去」。像以前因爲沒有水喝而生的種種可怕的怨言，便一下子沒有了，這便是對好的享受能夠馬虎，甚至可以不要的一個榜樣。在這裏，我們承認亞歷山大做人是有其重量的——亞歷山大不愧是個英雄！

西洋史上又有位查爾士十二世，他企圖著征服瑞典極北部的寒冷，他選了最精銳的部隊一直向北而行，中途連人帶馬凍死了一半，而且吃的東西也還只有一些極粗黑的麵包，士兵受不了，幾乎要鬧起來，當時就有一個士兵憤忿地拿著一塊麵包到他面前，說是吃不下去。可是他卻若無其事地把那麵包接過來，一口吃了下去，說道：「吃是不好吃，但還可以吃。」於是全軍看見他以帝王之尊竟能那樣，大家一句話也不願說了。這便是對壞的或不好的東西，也能去領略一點的一個好例子，在這裏，我們也不能不承認查爾士十二世做人是有重量的，查爾士十二世也畢竟是位英雄！

可是自古以來的英雄們，也盡有他們的一些老毛病，除卻這些老毛病，英雄們自然是可愛的。這所謂老毛病，便是他們中間的一批人，對著他們以外的人，每每於其所應具備著的對人的敬意與好意並不足夠。這對人的敬意與好意的不夠，歸根究底，當然還是一種「自私根本用智」的毛病在那裏作祟。對著這個，自然只有講究一些敬愛之道，才是一副好藥方。我們得承認人是好的，人性是好的，而且每個人其秉性中所潛藏著而又亟待發掘著的無限的德慧，即德性，都可以與天地合德，因此，人自然也都是可敬的。

只有對著人不懷敬意、不懷好意的人，才是自絕於人的人，而且惟有這自絕於人的人，才眞是自輕於人的人，按言之，就是沒有重量的人。

做人是不能沒有重量的，我們須得生有重於泰山，然後始能死有重於泰山。

四、對人的容量

一個人做人的重量的反面，是「寡德」。要「德不孤」，自須根據著一個人對人的容量。今請更進論著對人的容量。

邵康節臨死，張兩手，示程伊川，謂「面前路徑，須常令寬，路徑窄，則自無著身處，況能使人行也？」

愛默生（Emerson）說：「我所碰到的每個人，都有比我高明的地方，我從他那高明的地方，學到一些東西了。」

沒有對人的容量，自己就會走不通，有了對人的容量，自己可以領著教。與人爲善，要容量；取人爲善，也要容量。

而對人的容量，則繫乎個人的氣量，或所謂「氣度」，或所謂「器識」。

唐裴行儉有知人之鑑，當時有王勃楊詵盧照鄰駱賓王等人，因爲文章寫得特別好，才氣大，所以名聲也大，楊敬玄最重視他們，並且認定他們將來一定要顯達，可是裴行儉卻不以爲然。他說：「士之致遠者，當先器識而後文藝，勃等雖有文章，而浮躁淺露，豈享爵祿之器耶？楊子稍沉靜，應至會長，餘得令終幸矣。」既而王勃渡海墮水而死，楊誽也死在盈州，盧照鄰因爲患了怪病，醫不好投水死了，駱賓王則被殺了頭，這是從一個人的器識裏去斷定著一個人的命運。還有一個例子，三國時有位管輅，對當時兩位顯要人物——即何晏與鄧颺，曾斷言他們一定要失敗。隨後他們果然失敗且慘遭橫禍了。管輅的舅父就對輅說：「爾何以知何鄧之敗？」輅曰：「鄧之行步，筋不束骨，脈不制肉，起立傾倚，若無手足，此謂鬼躁。何之視候，則魂不守宅，血不華色，精爽煙浮，容若槁木，謂之鬼幽。二者皆非遐福之相也。」其實這裏所說的「鬼躁」與「鬼幽」，亦正是從器識上說。一個人的器識是可以決定一個人的容量，而一個人的容量則是可以決定一個人的禍福，即所謂命的。

史載：唐高宗時，盧承慶爲司刑大常伯，嘗考內外官，有一官督運，遭風失米，承慶考之曰：「監運損糧，考中下。」其人容色自若，無言而退，承慶重其雅量，改註曰：「非力所及，考中中，」既無喜容，亦無愧詞，又改曰「寵辱不驚，考中上。」這寵辱不驚，就是所謂氣度。一個人的氣度就是代表一個人的容量，一人若是到了所謂不能「容物」的地步，那就是表示這個人的不成器。

有一節爲人所熟知的歷史，即楚漢相爭，結果是漢高祖成功，項羽失敗，這頗引起以後史論家紛紛議論，在比較精彩的議論中，尤以王船山先生《讀通鑑論》的一段為最切要，他說：「成而不傾，敗而不亡，存乎其量之所持而已，智非所及也，量者心之體，智者心之用，用者用其體，體不定，則用不足以行。體不定而用或有所當，惟其機也。機者發而可中，而不足以持久，雖成必敗，苟敗必亡，故曰非智所及也。……漢高一敗於彭城，再敗於滎陽，跳身孤走，而神不為怵，故項羽終屈其難折之鋒。……成大業者在量不在智，明矣。量者，定體於恆者也，定體於百年之長慮，而後機不失於俄頃之利鈍，憂喜變遷，須臾不制，轉念知非，而勢已成乎莫挽，惟定體之不立故也。敗則惟死而已，勝則驕淫侈靡，無所汔止，羽存勖之以傾敗終也，決於此耳。生之與死，成之與敗，皆理勢之必有，相為圜轉而不可測者也。既以身任天下，則死之與敗，非意外之凶危；生之與成，抑固然之籌劃。生而知其或死，則死而知其固可以生，敗而知有可生，則成而抑思其可以敗，生死死生，成敗敗成，流轉於時勢，而皆有量以受之，如走丸善走，不能逾越於盤中。其不動也如山，其決機也如水，此所謂守氣也。氣守而心不動，乃以得百里之地而觀諸侯、有天下，傳世長久而不危，豈徒介然之勇，再鼓而衰，不足恃哉？智足以制勝，而俄頃之間，大憂大喜之所乘，聲音笑貌傳其搖蕩無主之衷，傾敗即成乎莫挽。豪傑之與凡民，其大辨也在此夫！」

上面王船山先生的一段論漢高祖的話，主要的是指出了漢高祖成功的原因全在他的氣量，他一有了他那樣的氣量，便可容人容物而有天下，一時的失敗，在他竟全沒有什麼了！

史載馬援歸右隴，隗囂問以東方事，曰：「上（指漢光武）才明勇略，非人敵也，且開心見誠，無所隱伏，闊達多大節，略與高帝同，經學博覽，政事文辯，前世無比。」囂曰：「卿謂何如高帝？」援曰：「不如也，高帝無可無不可，今上好吏事，動如節度，又不喜飲酒。」在此，我們很可以看出從馬援口中道出來的漢高祖，其氣量之闊達，實是無人無物不在其包容之中，而造成他這樣的氣量之一主因，便是他的對人對事之毫無凝滯。這只要看：「韓信使使請為假王以鎮齊，漢王大怒，張良陳平躡漢王足，因附耳語曰：『漢方不利；寧能禁信之王乎？不如因而立，使自為守。』漢王亦悟，因復罵曰：『大丈夫定諸侯，即為眞王耳，何以假為？』遣張耳操印，立信為齊王，徵其兵擊楚。」這眞所謂「其決機也似水」了。

我們可以說：一個人有了「器識」、「氣度」或「氣量」而能容人容物，這無異是說，這個人是有了一個好的命運。有人說性格就是命運，也有人說環境就是命運，但我們可以說，一個人的性格，可以決定著或轉換著他所特有的環境，而所謂好的性格就是有著大的容量的性格，一個人最大的悲劇和最為無可如何的悲劇，是所謂性格的悲劇，而沒有容量的性格，就是最悲劇的性格。任何人都樂意看著並接近著上帝所製造的寬宏大量的人，任何人都不樂意去看著或接近著那上帝所忽略的心地偏執的人。

有些人歡喜指摘人，可是指摘人是不必要的，同時指摘人也是危險的，因爲每個人都有一個人的寶貴的自尊心，每個人都有一個人的重要的感覺，而指摘人則是大大地違反了人家的寶貴的自尊心和人家的重要的感覺，其所獲得的後果，便是深深地引起人家的嫌惡心！宋史載：范純仁性平易寬簡，不以聲色加人，誼之所在，則挺然不少屈，嘗曰：「吾生平所學，得之忠恕二字，一生用不盡，以至立朝居官，接待僚友，親睦宗族，未嘗須臾離此也。」每戒子弟曰：「人雖至愚，責人則明，雖有聰明，恕己則昏，苟能以責人之心責己，恕己之心恕人，不患不至聖賢地位也。」這話使我想起了一個寓言，就是：一個人有兩袋過失，一袋過失是自己的，一袋過失是人家的，不幸屬於自己的一袋過失放在背上，而屬於人家的一袋過失，則放在胸前，當然自己的過失看不見，而人家的過失就看得清。試想：像這樣的光景，一個人還要歡喜去指摘人家，當然是器識欠缺，氣度不夠或氣量太差。

可是一個人的器識，氣度或氣量之大小，卻常顯現於被人指摘之時，而對人之容量，往往就爲你能否容人指摘。

蜀志：蜀東曹掾楊戲，素性簡略，大司馬蔣琬與言，時不應答，或謂琬曰：「戲慢公矣。」琬曰：「人心不同，各如其面，面從後言，古人之所戒也，戲欲贊吾是耶，則非其本心，欲反吾言，則顯吾之非，是以默然。」督農楊敏嘗毀琬曰：「作事憒憒，誠非及前人。」主者請推治敏，琬曰：「吾實不如前人，無可推也。」請問憒憒之狀，琬曰：「苟其不如，則事不當理，事不當理則憒憒矣。」後敏坐事繫獄，眾人尤懼其必死，琬心無適莫，得免重罪。——看，這「誠不及前人」是如何的一種器識！

唐史：太后謂狄仁傑曰：「卿在汝南，甚有善政，卿欲知譖卿者名乎？」仁傑曰：「陛下以臣為過，臣請改之，知臣無過，臣之幸也，不願知譖者名。」太后深嘆美之——看！這不願知譖者名，是如何一種氣度！

又載：宋郭進為山西巡檢使，威令嚴肅，嘗有軍校自山西詣汴，誣訟進不法事，宋太祖詰知其情，送進令殺之。會北漢來侵，進斷其人曰：「汝敢訟我，信有膽氣，今貫汝罪，汝能掩殺敵兵，當即薦汝，汝敗可自投河東。」其人即踴躍赴敵，大致克捷，進即以聞，乞遷其職——看，這「汝敢訟我」並「乞遷其職」。是如何的一種氣量。

這以上所舉史實，會眞是一個人對付人家的指摘，再好沒有的辦法，這在西洋史上也不乏其例。法國十八世紀有一位名演說家名叫米拉卜（M. Miradsau），當他在馬賽演說時，人斥之為「誹謗者，說謊者，暗殺者，惡棍徒……」他說：「我等著先生們靜候這些好傢伙的滅亡。」

眞的，一個人不可以動不動就生著氣，一個人應當要有涵養，這涵養便是一個人對人的容量。關於涵養，這在我國歷史上眞是有不少的妙人妙事，最有趣的自然是所謂「唾面自乾」。唐史載，婁師德寬厚清愼，犯而不校，其弟除代州刺史，將行，師德謂曰：「吾備位宰相，汝復爲州牧，榮寵過甚，人所嫉之，將何以自免？」弟跪曰：「自今雖有人唾某面，某拭之而已，庶不爲兄憂。」師德愀然曰：「此所以爲吾憂也，人唾汝面，怒汝也，汝拭之，乃逆其意，所以重其怒，夫唾不拭自乾，當笑而受之。」這較之所謂人家打你的左臉，便索性連右臉也讓人打著，可以說是還進了一步。此事如出之以悲憫之心，自亦是入聖之道，否則那就要不堪設想了。

又唐戴至德劉仁軌爲左右僕射，更日受牒訴。仁軌嘗以美官許之，至德必據理難詣，未嘗與奪。實有寃結者，密爲奏辯。由是時譽皆歸仁軌。或問其故，至德曰：「威福者人主之柄也，人臣安得盜取？」上聞而深重之。有老嫗欲詣仁軌陳牒，誤詣至德，至德覽之未終，嫗曰：「本謂是解事僕射，乃不解事僕射耶？歸我牒。」至德笑而授之，時人稱其長者。——以上一段唐史，敘述戴至德先生對一老嫗的容量，那眞是出於至誠的一種對人的容量。這在宋史上，亦有一段類似的史實，就是呂蒙正初入朝堂，有朝士指之曰：「此子亦參政耶？」蒙正佯爲不聞而過之，同列不能平，詰其姓名，蒙正遽止之曰：「若一知其姓名，則終身不能忘，不若弗知之爲愈也。」時人服其雅量。

不過所謂雅量，亦應出乎自然，對人的容量，亦須符合「以直報怨」之旨，若一味以德報怨，而弗顧蹈入於矯枉過正之途，當亦非所宜。唐史載：劉仁軌爲給事，按畢正義事，李義府怨之，會討百濟，仁軌當浮海運糧，遭風失船，命監察御史袁異式往鞫之，義府謂曰：「君能辦事，勿憂無官。」異式至，謂仁軌曰：「君宜早自爲計。」仁軌曰：「仁軌當官失職，國有常刑，公以法斃之，無所逃命，若使自引決，以快仇人，竊所未允。」異式乃具獄以聞，上命除名，以白衣投軍自效，及爲大司憲，異式懼不自安，仁軌瀝觴告之曰：「仁軌若念疇昔之事，有如此觴。」既知政事，薦爲司元大夫，監察御史杜易簡謂人曰：「斯所謂矯枉過正者矣。」像這樣的矯枉過正，這自然要如孔子所謂「何以報德了」。

然而一個人本其大公無私之心，忠厚長者之度，對其有才氣而又有作爲之同事，不僅不絲毫妬忌，而且盡量包容，卻斷不能與上一史實同日而語，於此，另有兩段相類之史實，足資一述：

一、唐史：狄仁傑之入相也，婁師德實薦之，而狄仁傑不知，意頗輕師德，數擠之於外，太后覺之，嘗謂仁傑曰：「師德知人乎？」對曰：「臣嘗同僚，未聞其知人也。」太后曰：「朕之知卿，乃師德所薦也，亦可謂知人矣。」仁傑既出，乃嘆曰：「婁公德盛，我爲其所包容久矣，吾不得窺其際也。」是時羅織紛紛，師德久為將相，獨能以功名終，人以是重之。——在這裏我們就很可以知道，師德是比狄仁傑偉大得多了。

二、宋史：寇準數短王旦於帝，而旦專稱準。帝謂旦曰：「卿雖稱其美，彼專談卿惡。」旦曰：「理固當然，臣以在相位久，政事缺失必多，準對陛下無隱，益見其忠直，此臣所以重準也。」帝由是益賢旦，中書有事送密院違詔格，準以上聞，旦被責第拜謝，堂吏皆被罰，不逾月，密院有事送中書，亦違詔格，堂吏欣然呈旦，旦令送還密院而已。準大慚謝。及罷，準托人語旦，求為使相，旦驚曰：「將相之任，豈可求耶？吾不受私請也。」準深憾之，已而除準武勝君節度使同平章事，判河南府。準入見，謝曰：「非陛下知臣，安能至此？帝具道旦所以薦者，準媿，嘆以為不可及。」——在這裏我們確實是看到寇準之不及王旦！

與以上所述之寬容，正相反者，便是「忌刻」。「忌刻」是不僅對人沒有容量，而且是要對人呈其一時之私意與快意。宋史載：趙普常薦某人為某官，帝不許，明日普復奏其人，亦不許，明日普又以其人奏，帝大怒，裂碎奏牘擲地，普跪而拾之歸，他日補綴舊牘復奏如初。帝乃悟，卒用其人。又有群臣當遷官，帝素惡其人，不與，普堅以為請，且曰：「刑以懲惡，賞以獎功，古今通道也，且刑賞天下之刑賞，陛下豈得以喜怒專之？」帝怒甚，起，普亦隨之。帝入宮，普立宮門不去，竟得俞允。其剛毅果斷類如此。然多忌刻，屢以微時所不足於帝及己者爲言，帝曰：「若塵埃中可識天子宰相，則人皆物色之矣。」自是不敢復言。於此，將趙普爲人美中不足之處，形容透澈，以趙普如此剛毅果斷，豈非一完美男兒，然終以忌刻之故，遂成一生大病，而謂人所嘆息，幸遇宋祖之量，每常容之。

對人的容量是與一個人的容忍的德性是成正比例的。一般說來，一個人的脾氣，往往是越發越大，因此脾氣最好是不要發，對一件事或一個人本來要發著脾氣，而終究又能夠不發著脾氣，所謂「將氣吞下肚子裏去」，這便叫做容忍，可是一個人的容忍，會往往有其一定的限度，有些人過了他個人的容忍的限度，他便不能再容忍下去，如果再容忍下去，這在他的心理上或生理上便會都將要出些毛病，否則他便要去找些不相干的事，或不相干的人去出一出肚子的氣。說到這裏，所謂忍氣，或一個人對氣的容忍，自然還只是一種所謂治標的、臨時的、無可如何的辦法。

要是一個人能夠對人對事都去把握著那光明的一面，而且知道：1.對人對事都不能不從好的方面去看著、去想著。2.因此沒有不可以原諒，或姑且原諒，或設法原諒的。3.從而對人對事便有了愛好。4.要能愛好，始有所持，持此以容人容物，這便是一個人在其對人的容量上的根本的經常的，行所無事的辦法。而且，只有這樣，你面前的路徑，才算寬了呀！

或者曾有人要繼續的問著：「什麼叫做寬？」於此，莊子有句話回答得好，就是：「不同同之之謂大，行不崖異之謂寬。」

莊子還有句話，比喻得妙，說是「魚相忘於江湖」。如其人與人間的相處也能夠這樣相忘於江湖，這便會是一種無邊際的器識氣度和氣量。在這裏，一個人對人的容量，便無所謂容量不容量，那指摘、忌刻與容忍，更是完全用不著。這樣一來，眼前路徑，便令放寬得成一片廣原，自己可以隨便著身，而人家也就可以任其如船山所言：「如丸善走不能越於盤中」了！

五、人情的正軌

一個人對人的容量是所謂「寬」，要寬就須要根據著一種人情的正軌。今更請進論著人情的正軌。

相傳呂洞賓常遊江西廬山歸宗寺，在鐘樓壁上，題著一首詩：「一日清閒自在身，六神和合報平安，丹田有寶休尋道，對境無心莫問禪。」過了一會，他又路過著黃龍山，看見紫雲成蓋，疑心有著「異人」。於是獨自一人，跑過那山寺裏面去，卻好碰到黃龍新禪師在那裏擊鼓升堂，黃龍看見他，想他一定是呂洞賓，因此有意要誘而進之，便厲聲說：「座旁有竊法者。」呂洞賓便毅然挺身而出，問道：「一粒粟中藏世界，半升鐺內煮山川，且道此意如何？」黃龍便指著他說：「這守屍鬼！」洞賓接著說：「爭奈囊中長生不死藥？」龍又說：「饒經八萬劫，終是落空亡。」這樣一來，洞賓便有些驚訝了。於是飛劍脅之，可是劍不能入，因此洞賓便向黃龍拜了又拜，請求龍的指點，龍便反問洞賓道：「半升鐺內煮山川，即不問如何是一粒粟中藏世界？」洞賓一聽了這話，馬上就領悟起來。試想，這是領悟著什麼呢？

我想；這總不外是一種人情味，世間相，宇宙謎！

禪師家往往說：「雲月是同，溪山各異。」又洞山禪師往往說：「高高山頂立，深深海底行。」別開所謂宇宙謎及所謂世間相不說，我以爲所謂「人情味」，實不妨也作如是觀，而所謂人情的正軌，也正可由此追尋。

一般看來，人情是難說的，我們有句老話就是「練達人情皆學問」。所謂練達，引伸其意，便是歷練通達。由此歷練通達，再到一悲憫之境，這就是「超脫」，那眞是須要一番工夫的。而此「超脫」，亦就是一種人情的正軌。

唐史，盧杞貌醜，色如藍，有口辯，上悅之，郭子儀每見賓客，姬妾不離側，杞常往問疾，子儀悉屛侍妾，獨隱几待之，或問其故，子儀曰：「杞貌醜而心險，婦人輩見之必笑，他日杞得志，吾族無類矣。」

對著屑小，一個人往往有說不出的苦衷，而子儀卻應付得這樣週到。

史載：郭子儀爲上將，擁強兵，程元振魚朝思，讒謗百端，詔書一紙徵之，無不即日就道，由是讒謗不行。嘗遣使至田承嗣所，承嗣西望拜之曰：「此膝不屈於人若干年矣。」李靈曜據汴洲作亂，公私財物過汴者皆留之，惟子儀不敢近，遣兵衛送出境。校中書會考凡二十四，府庫珍貨山積，家人三千人，八子七婿，皆爲朝廷顯官，諸孫數十人，每問安不能盡辨，頷之而已。僕固，懷恩，李懷光，渾瑊輩皆出麾下，雖貴爲王公，常頤指役使趨走於前，家人亦以僕隸視之。天下以其身爲安危者殆三十年，功蓋天下，而主不疑，位極人臣，而眾不嫉，窮奢極欲，而人不之非，年八十五而終，其將佐至大官爲名臣者甚眾。

這眞是所爲福德之人！據說子儀的兒子名曖，娶的就是昇平公主，有時兩人爭吵起來，郭曖就說：「汝依乃父爲天子耶？我父薄天子而不爲。」公主聽了氣起來，就跑去上奏，可是唐代宗卻說道：「此非汝所知，彼誠如是，彼欲爲天子，天下豈汝家所有耶？」而且就要他女兒馬上回到郭家去。像這樣「薄天子而不爲」的人，這在歷史上自然是少有的，在今天，我們很可以說：一種人情的正軌，郭子儀確是把持的清清楚楚。要是不然，就無法到達那種田地。王船山先生在其《讀通鑑論》一書中，有一段論郭子儀的話，我們在這裏很不妨引用出來，他說：「汾陽於位之崇替，權之去留，上之疑信，纔佞之起滅，乃至功之成與不成，俱至則受之，受則任之，而無所容心於其間，情至平矣，而天下不能測其所爲。山有陂陀，則測其峰之起伏，水有灘磧，則測其波之回旋，平平蕩蕩，無高無下，無曲無奇，而物惡從測之哉？天下既共見之，而終莫測之，平情之爲用也。四海在其度中，賢不屑萬殊之情，歸其範圍矣。」

從以上的話裏，我們就很可以知道：一種人情的正軌，便是平其情。這平情之爲用，也可以說是「一粒粟中藏世界，半升鐺內煮山川」。雖是「溪山各異」，但畢竟「雲月是同」呀！

相類似的事，有徐文遠之見門人王世充必先拜，說是：「魏公君子也，能容賢士，王公（世充）小人也，能殺故人，吾安敢不拜？」一個人遇著小人，還有何話可說呢？又史載：秦將王翦請美田宅甚眾。王曰：「將軍行矣，何憂貧？」翦曰：「爲大王將，有功終不得封侯，故及大王之鄉，臣請田宅爲子孫業耳。」王大笑，既行又數使使者歸請之。或曰：「將軍之乞貸，亦已甚矣。」翦曰：「王怚中而不信人。今空國而予我，不有以自堅，顧令王坐而疑我矣。」

對著一位英雄，你總得使其不必多疑，因爲一般說來，英雄往往不免自我之意識太重，所以不免對人少信而多置疑。試看，歷史上爲什麼會有許許多多「飛鳥盡，良弓藏，狡兔死，走狗烹」的事跡呢？這分明是由於一些人不知道那「有以自堅」之道。這所謂「有以自堅」，除了有以平其情的作用以外，並有「以平人之情」的妙用。要到了人情我情俱得其平之時，這便是「高高山頂立，深深海底行」，所謂天空海闊，到處通行了。

還有關於人情，你自然不能老是看表面，眞正說來，在人情上，一個人往往會有其骨子裏的無可奈何之痛，所謂麵包常是和眼淚一起吞，在這裏，你要是想平其情，你就不能不先去抑其情了。且先舉漢光武初起事時的一件事，做個例子：

史載：更始執劉縯殺之。劉秀自父城馳詣宛謝，司徒官屬迎吊秀（縯當時爲大司徒）。秀不與交私語，惟深引過而已，未嘗自伐昆陽之功，又不敢爲縯服喪，飲食言笑如平時，更始以慚，拜秀爲破虜將軍，封武信侯。然秀自兄縯之死，每獨居，輒不御酒肉，枕席有涕泣處——請看那是一種怎樣大的氣力，去用以抑制著那「麵包與眼淚一起吞」的悲寂之情！

就是說到郭子儀那樣的一位福德之人，這裏也有關於他的二三事，這在常人看來，自然也都是啼笑皆非的，據唐史所載：

一、盜發郭子儀父塚，捕之不獲，人以魚朝恩素惡子儀，疑其使之。子儀入朝，朝廷憂其爲變，及見上，上語及之，子儀流涕曰：「臣久將兵，不能禁暴，軍士多發人塚，今日及此，乃天譴非人事也。」朝廷乃安。這對「發父塚」都忍著，你看這是多麼悲痛。

二、郭子儀入朝，魚朝恩邀之遊章敬寺。元載恐其相結，密使告子儀曰：「朝恩謀不利於公。」子儀不聽，將士請裹甲以從。子儀曰：「我國之大臣，彼無天子之命，安敢害我？若受命而來，我曹欲何爲？」乃從家僮數人而往，朝恩驚問其故，子儀以所聞告，且曰：「恐煩公經營耳。」朝恩撫膺流涕曰：「非公長者，能無疑乎？」這對「謀害」都坦然，這其中會有如何的苦痛！

三、郭子儀嘗奏除州縣官一人，不報，僚佐以爲言，子儀謂曰：「兵興以來，方鎮跋扈，凡有所求，朝廷必委屈從之，蓋疑之也，今子儀所奏，朝廷以其不可行而置之，是不以武臣相待，而親厚之也，諸君可賀矣，又何怪焉？」像這樣的「碰釘子」反以爲可賀，這當然是有苦說不出的呀！

然而對「發父塚」有「發父塚」的一種解釋，對「謀害」有「謀害」的一種打算，對「碰釘子」有「碰釘子」的看法，試想：這解釋是何等委婉？這打算是何等正大？這看法又是何等通達？像這樣的委婉，正大而通達，這便是說明著：非抑其情，無以平其情，同時亦可說，非平其情，即無由抑其情，這當然是人情上的又一正軌。「饒他九萬劫，終是落空亡」，就是在人情上，有著一時的委屈，那又算得什麼呢？我們總得要「高高山頂立，深深海底行」呀！而在下面的幾段歷史中，我們還可發現又一種人情的正軌。

史載：唐玄宗於馬嵬坡命力士引貴妃於佛堂縊殺之，於是整部伍爲行計，至扶風。士卒流言不遜，陳玄禮不能制。會成都貢眘綵十餘萬匹，上命陳之於庭，召將士諭之曰：「朕老耄，托任失人，致逢胡亂，常須遠避其鋒，卿等倉卒從朕，跋踄至此，勞苦至矣，朕甚愧之，今聽卿等各還家，朕獨與子孫中官前行入蜀，亦足自達，今日與卿等訣別，可共分此綵，以備糧資，若歸見父母及長安父老，爲朕致意，各好自愛也。」因泣下沾襟。眾皆曰：「臣等死從陛下，不敢有貳。」上良久曰：「去留聽卿。」自是流言始息。這「去留聽卿」的效果，竟比什麼力量還要大，事實上，除此亦更無別法了。

又載：劉武周降將尋相等多叛去，諸將疑尉遲敬德，囚之軍中，屈突通殷開山言於世民曰：「敬德饒勇絕倫，今既囚之，必生怨望，留之恐爲後患，不如遂殺之。」世民曰：「敬德若叛，豈在尋相等後耶？」遂命釋之，引入臥內，賜之金曰：「以丈夫意氣相期，勿以小嫌介意，吾終不信讒言，以害忠良，公宜體之，必欲去者，此金相資，表一時共事之情也。」已而世民以五百騎行陣地，王世充帥師萬餘，猝至圍之，單雄信引槊直趨世民，敬德躍馬大呼，橫刺雄信墮馬，屈突通引大軍繼至，世充兵大敗，僅以身免。世民謂敬德曰：「何相報之速也？」在這裏我們對所謂感應之理，眞是看得清清楚楚了。

又載：「唐德宗時，田悅攻臨洺，累月不拔，城中食且盡，張伾飭其愛女，使出拜將士曰：「諸將軍守戰甚苦，伾家無長物，請鬻此女，爲將士一日之費。」眾哭曰：「願盡死力，不敢言賞。」於是同李抱眞等攻悅，大破之。看，這大義裏所含著的至情，所謂帶兵須帶心，這便是帶心了呀！

本上所述，所謂「去留聽卿」，所謂「以丈夫意氣相期」，以至所謂「請鬻此女，爲將士一日之費」，其中人情顯現出的又一正軌，就是「盡其情」。一個人只要能眞正的盡其一己之情，那就分明一定可以得到他那應有的如量的一種感應，或是報答。這不僅是人與人如此，就是和整個宇宙之間也會如此。齊默孟氏（Zime rman）說：「宇宙給每個人應得的報復，假如你笑，他回復你的也是笑，假如你悲愁，則將籠罩你的也是悲愁，假如你歌詠，那快樂之情就必然要歡迎你去做他的一份子，假如你致力於思想，那你就將被一批思想家慇懃地招待著，假如你給這世界的是愛，和熱烈向這世界追求的是眞理與良善，那就德不孤必有鄰，整個宇宙將賜給你以這世界上的無限的寶藏。」這些話雖然說得淺近，可是也很有一點道理，這原是一種應有的感應。個人與宇宙，原是一樣的，所以在人情上，只要你眞能盡其一己之情，你就不難獲得一個人情的正軌。憑了這人情的正軌，你可以把你自己牽引到那裏，也可以把人家牽引到那應該到和可以到的所在。這樣第一你就決不會孤單，第二你將決不會無助，第三你將有無數的可以接上你的人，而讓你不斷地充實、不斷地擴大以至永久。

還有，一個人會眞是難說的！唐李勣爲將，有謀善斷，與人議事，從善如流，戰勝則歸功於下，所得金帛，悉散之將士，故人思致死，所向克捷。可是，他以前是怎樣的一個人呢？他自己說著：「我十二三時爲亡賴賊，逢人則殺，十四五爲難當賊，有不快意則殺之，十七八爲佳賊，臨陣乃殺人，二十爲大將，用兵以救人。」而且到了老年，他已做了僕射了，但當其姊病時，還要為之親自煮粥。有一次風吹火燒了他的鬚鬢，他的姊就說道：「僕妾幸多，何自苦如是？」他答道：「非為無人使令也，顧姊老，勣亦老，雖欲久為姊煮粥，其可得乎？」

唐玄宗一次也親自為他薛王業煮著藥，風吹著火，也燒了鬚，當左右趕快救著時，他說：「但使王飲此藥而癒，鬚何足惜？」

我常常想，每個人都會有他的美德的，只是深山有寶，總待人去發現，而且對著一個人，你實在不能不從好的方面去看，就是「亡賴賊」也好，「風流皇帝」也好，總不會沒有他們的一種人情味。好好地珍重著這任何人的一種人情味，這也是一種在人情上每人所應遵循著的正軌。

再美國南北戰爭時代，有個批評者指摘格蘭地（Grant）飲酒，林肯便請他查明那一種牌子的威士忌酒，使他好送一箱給他的部將。又英國喬治第二對一個說烏耳夫（攻克加拿大Quelec之英國名將）為瘋子的大臣，他答覆著他說：「我懇求上帝，讓他咬瘋我別的將官。」像這些話，那眞是一種幽情，同時，意義又是多麼沉重。在第一次歐戰時，巴恩斯法達（Bunnqfather）氏，畫了一副有名的漫畫，畫的內容是：一位英國老兵在牆上有個大洞的建築物內坐著，新兵問：「誰作此洞？」老兵答：「老鼠。」其實這是砲彈，不是老鼠，這當然也是幽情。在人情上，幽情也可讓你更能把握著一些東西，我們一樣叫他是人情的正軌。

伴著人情味的珍重，你得有些幽情，而伴著幽情而來的，會又是什麼呢？

黃龍指著呂神仙說：「這守屍鬼。」呂神仙在說了「爭奈囊中長生不死藥」之後，就飛劍脅著黃龍，可是劍不能入，終於呂神仙下了拜，請求著指點。於此，我想起來了一些「柔道」。不要逞著強橫，且耐心聽從著一些指點，這便是所謂柔道。

史載：漢光武幸章陵，修園廟、祠舊宅、觀田廬，置酒作樂，賞賜，時宗室諸母，因酣悅，相與語曰：「文叔少時謹信，與人不疑曲，唯直柔耳，今乃能如此。」帝（光武）聞之大笑曰：「吾治天下，亦欲以柔道行之。」

在這裏，說不定還有人要問，什麼是柔道呢？

這一問，便須得將本文來個總結。能夠平其情，抑其情，盡其情，從而珍重著一些人情味，再加上一點幽情，這便柔道。這柔道，亦就是所謂「致中和」之道，「喜怒哀樂未發之謂中，發而皆中節之謂和，致中和，天地位焉，萬物育焉」，這都是一連串的人情的正軌！

我們深深知道：人情是繁複的。然而這人情的正軌卻是單純的、透澈的、堅貞的，因爲是簡單化了的。「一粒粟中藏世界，半升鐺內煮山川」，這就是簡單化。

分明是「雲月是同，溪山各異」，分明是「高高山頂立，深深海底行」。一個人在人情上，爲何不簡單化呢？看！我們這人情的正軌，這恰到好處的、有分寸的、入情入理的一種人情的正軌啊！

六、內心的均衡

一個人應所遵循的人情的正軌，要的是所謂柔道。柔道是平其情、抑其情、盡其情，再加點人情味和幽情，這自應根據一個人的內心的均衡。今請再進論著內心的均衡。

周元公師事壽涯而得「有物先天地，無形本寂寥，能為萬物主，不逐四時凋」之偈，見東林總，呈詩云：「書堂兀坐萬機休，日暖風和草自幽，誰道二千年遠事，而今只在眼睛頭。」總肯之，即與結青松社。

這裏所說的「二千年遠事」，當是指顏子的事，但自然也會讓我們聯想到曾點「暮春者，春服既成，冠者五六人，童子六七人，浴乎沂，風乎舞雩，詠而歸」的事。宋時晉伯兄弟，對此曾有詩詠之云：「函丈從容問且酬，展才無不至諸侯，可憐曾點惟鳴瑟，獨對春風詠不休。」又「學如元凱方成癖，文到相如始類俳，獨立孔門無一事，只傳顏子得心齋。」

孟子是個「富貴不能淫，貧賤不能移，威武不能屈」的大丈夫。他一生崇拜到了極點的人是孔子，他說道：「乃所願，則學孔子也。」可是孔子在其與弟子言志的時候，卻特別賞識著曾點，說是：「吾與點也。」在這裏，我想這樣說：孔子對曾點賞識的地方，會就是曾點那「內心的均衡」，這內心的均衡，亦就是所謂「灑脫」，即心靈上的灑脫。

我們看：自從曾點以後，讀書人最能灑脫得開，似乎只有漢時黃叔度和宋時的周茂叔。史載：汝南黃憲（叔度）世貧賤，父爲牛醫，是時同郡戴良，才高倨傲，而見憲未嘗不正容，及歸，罔然若有失也。其母問曰：「汝復從牛醫兒來耶？」對曰：「良不見叔度，自以爲無不及，既睹其人，則瞻之在前，忽焉在後，固難得而測矣。」陳蕃與周舉嘗相謂曰：「時月之間，不見黃生，則鄙吝之萌，復存乎心矣。」太原郭泰，少遊汝南，過袁閬不宿而退，從憲累日乃還。或問之，泰曰：「奉高之器（袁閬字奉高），譬如杞檻，雖清而易挹，叔度汪汪若千頃陂，澄之不清，淆之不濁，不可量也。」黃憲初舉孝廉，又辟公府，友人勸其仕，憲暫到京師即還。周敦頤（茂叔）每令人尋孔顏樂處，所樂何事，程顥曰：「自再見周茂叔，吟風詠月以歸，有吾與點也之意。」侯師聖學於程頤，未悟，敦頤留與對榻夜談，越三日乃還。程頤驚異之，曰：「非從周茂叔來耶？」其善開人類如此。窗前草不除，人問，曰：「與自家意思一般。」

於此，所謂「澄之不清，淆之不濁」，應當可以用來表示一種內心的均衡。至所謂「與自家意思一般」，自是指的「滿腔生意」，而這「滿腔生意」所表示的，一方面可說是一種宇宙的「韻律」，一方面也一樣可說是一種「內心的均衡」。

關於窗前草，與自家意思一般，濂溪猶有偈曰：「昔本不迷今不悟，心融境會豁幽潛，草深窗外松當道，盡日令人看不厭。」於此我們可窺見其內心的均衡，同時還可以測知其精神之深度。

和叔度同時的郭林宗，即上所說之郭泰，是一位「隱不違親，貞不絕俗，天子不得臣，諸侯不得友」的人物。他「雖好臧否人物」，但不爲「危言激論」。所以能夠「處濁世而怨禍不及」。有一次他遇著一位姓孟名敏的鉅鹿人，「荷甑墜地不顧而去」，於是他就問他是什麼意思，那鉅鹿人說道：「甑已破矣，視之何益？」對此，他便深爲賞識，而明白了那鉅鹿人的德性，並勸他遊學陳留。

甑破了就讓他破，可是內心的均衡，卻不能讓他破。這也就是一種德性。那鉅鹿人爲林宗所深加賞識之處，就是這一德性。同時，林宗亦以其本身具備著「隱不違親，貞不絕俗」的一種內心的均衡，所以對孟敏的那種甑破而內心均衡不破的德性，才特別能予以賞識。

和茂叔同時的有邵康節，史載：邵雍（康節）智慮絕人，遇事能前知，程顥常謂「其心虛明，自能知之」。出乘小車，一人挽之，隨意所適，士大夫家，識其車音，爭相迎候，童孺廝隸，皆懽相謂曰：「吾家先生至矣。」在這裏，我們自然也不難想像邵康節先生的洒脫，所謂「其心虛明」，亦自可解釋爲一種內心的均衡。他有一次讀易，讀到復卦，他作了一首詩：「冬至子之半，天心無改移，一陽初動處，萬物未生時，玄酒味方淡，大音聲正希，此言如不信，更請問包羲。」這當可更描劃出他個人的心境了。

同時，程明道先生，即上述「吟風詠月以歸」的程顥，也是最爲洒脫的人物，他的「雲淡風輕近午天，傍花隨柳過前川，時人不識余心樂，將謂偷閒學少年」一詩，其所顯現之一種洒脫氣象，自然令人嘆賞不置。據說：有一次他曾和他的弟弟程伊川先生一同在一個地方宴會，當時有人叫著妓，伊川先生正襟危坐，而明道先生則全不在乎。宴後，伊川先生責其不恭，明道先生答曰：「目中有妓，心中無妓。」

一個人是好不容易地安排著一己的心情的！要是你能夠好好的安排著你的心情，你就將要可以進一步去好好的安排這個世界，所謂「天地位，萬物育」，就是這個意思。說近一點，或是更明白、更淺顯一點，就是一個人要是他能好好安排著他的心情，他就可以好好安排著他的生活。他能好好安排著他的生活，他就可好好的安排著他的事業。反過來說：要是你想好好的安排你的事業，你就須得好好的安排你的生活。要是你想好好的安排你的生活，你就須得好好的安排著你的心情。事業是沒有什麼叫做大小的，挑水砍柴是一種事業，「贊化育，參天地」也是一種事業。只要心情安排得好，便都會成爲妙道的。

可是要如何才算得是心情安排得好呢？

不要讓「甑」打破著你內心的均衡，也不要讓「妓」打破著你內心的均衡，這便叫做你的心情，被安排得好！

於此，我們便知道維持一個人的內心的均衡之第一要著，那便是「淡」。

首先要淡的當然是所謂利，據說三國時，管寧少時與華歆爲友，常常要和華歆共同鋤地種菜。見地有金，可是管寧仍然揮鋤不顧，和對瓦石一樣，而華歆則去把那金子拿起來，隨後又丟了去。大家就憑了這事，知道管寧與華歆的優劣。史載：邴原與管寧俱以操尚稱，公孫度虛館以候之。寧既見度，乃廬於山谷，避難者多來從之，旬月而成邑。寧每見度，語唯經典，不及世事，還山專講詩書習俎豆，非學者無見也。由是度安其賢，民化其德。原性剛直，清議以格物，度己心下不安之，寧謂原曰：「潛龍以不見成德，言非其時，皆招禍之道也。」密遣原逃歸。於此我們可以看出管寧以淡於利，而亦淡於其他。隨後到了晉惠帝時，貨賂公行，朝野不成樣子，魯褒作錢神論說：「錢之爲體，有乾坤之象（取內圓外方之義），親之如兄，字曰孔方，無德而奪，無勢而熱，排金門，入紫闥（宮中小門），危可使安，死可使活，貴可使賤，生可使殺，是故忿爭非錢不勝，幽滯非錢不跋，怨讎非錢不解，令聞非錢不發，洛中朱衣當塗之士，愛我家兄，皆無已事，執我之手，抱我終始，凡今之人，惟錢而已」。請看，這錢的罪惡。史載：管寧「熙熙和易，人望之者，邈焉若不及」，這是當然的，這只要看他能夠「揮鋤不顧」，就可推知一切。所謂「熙熙和易」也正就是內心的均衡。

宋史：高宗欲爲岳飛營第，飛辭曰：「金虜未滅，何以家爲？」「或問天下何時太平？」飛曰：「文臣不愛錢，武臣不惜死，天下太平矣。」——有人說：「武臣不惜死還容易，但是文臣不愛錢更難」，這樣，一個人的心情，爲利所沾，事業自然會談不上，這正是心情無法安排，世界也無法安排，而天下自然就要紛紛了。其實武穆的意思，當然不是如此，他是有其極現實而又極痛心的看法的！

還有，淡於利之義，其在事業上的運用或安排是：不可惜小費。唐史：劉晏於楊子置場造船，艘給千緡，或言所用實不及半，請損之。晏曰：「不然，論大計者不可惜小費，凡事必爲長久之慮，今始置船場，執事者至多，當先使之私用無窘，則官物完固矣，若遽與之屑屑較計，安能久行乎？異日必有減之者，減半以下猶可也，過此則不能運矣。」後五十年，有司果減其半，及咸通中；有司計費而給之，無復羨餘，船益脆薄易壞，漕運遂廢。晏爲人勤力，事無閑劇，必於一日中決之。後來言財利者，皆莫能及。——其實惜小費亦可以說是相當於「貪小利」。孔子說：「貪小利，則大事不成。」此義，除了普通的現實的解釋以外，我還覺得有其「心情無由安排，事業即無由安排」之一餘義。淡於利，以及不貪小利之外，便是淡於「名位」，這對一個人的內心的均衡，更爲重要。

元許衡對他的兒子常常說：「我生平虛名所累，竟不能辭官，死後，愼勿請謚，勿立碑，但書『許某之墓』四字使子孫識其處足矣。」漢扶風法眞，博通內外學，隱居不肯做官，漢順帝四次請他，他都不答應。他的朋友郭正便這樣稱讚他：「其名可得而聞，自難得行，逃名而名我隨，避名而名我追，可謂百世之師者矣。」又載張瀚聞秋風起，想起了要回家吃菰菜蓴羹和鱸魚膾，便感嘆著說：「人生貴適志耳，富貴何爲？」於是就馬上辭官走了。

史載：唐宣宗欲以韋澳判戶部，以心力衰耗，難處煩劇爲辭，宣帝不悅。及歸，其甥柳玭尤之，澳曰：「主上不得與宰輔僉議，私欲用我，人必謂我以外技得之，何以自明？且汝知時事浸不佳乎？由吾曹貪名位所至耳。」

還有，南宋時陳亮，當皇帝想給他做官的時候，也說道：「吾欲爲社稷開數百年之基，寧用以博一官乎？」於是渡江回家了。

眞正說來，名位確實是沒有什麼的，一個人要是眞正能夠維持他的內心的均衡，自然會不知不覺地淡於名位，因爲在一個人的心情的安排上，名位也正和利一樣是不必要的，是多餘的。

有人以爲名位會是貫澈一己意志之工具，即所謂「權」，這是錯了的。這在唐史有一段有趣味的記載。唐宣宗時，周墀爲義成節度使，辟韋澳爲判官，及爲相，謂澳曰：「何以相助？」澳曰：「願相公無權。」墀愕然。澳曰：「官賞刑罰，與天子共其可否，勿以己之愛憎喜怒移之，天下自理，何權之有？」墀深然之。

又有人以爲名位可作改變他人意志之用，可是這只對著一些心無所主或所謂利慾燻心的人才有效。而對著一位已經將心情安排得很好了的人，是完全無用的。宋史：范純仁乞退安石，答中外之望，不聽，遂求罷職，執政使喻之曰：「毋輕去，已除知制誥矣。」純仁曰：「此言何爲至於我哉？言不聽，萬鍾非所願也。」

可是所謂淡於名位，也並不是說一定要退休，只要看得名位是可有可無，有也是如此，沒有也是如此，而內心的均衡，總是一樣，這就行了。宋史載：曹彬自平江南歸，舟中惟圖籍衣裳而已，閤門進榜子云：奉勅差往江南勾留公事回，時人嘉其不伐。初彬總師伐唐也，帝謂曰：「俟克李煜當以卿爲使相。」潘美預以爲賀，彬曰：「不然，夫是行也，仗天威，遵廟謨，乃能成事，吾何功哉？況使相極品乎？」美曰：「何謂也？」彬曰：「太原未平耳。」及還獻俘，帝曰：「本授卿使相，然劉繼興未平，姑少待之。」美視彬微笑，帝詰之，美以實對，帝亦大笑，乃錫彬錢五十萬。彬退曰：「人生何必使相？好官不過多得錢耳。」又載：向敏中性端厚愷悌，多智知人，善處繁劇，時人以重德目之。初帝以即位未嘗除左僕身，意敏中應甚喜，賀客必多，使人密覘之，云敏中方謝客，門闌悄然。其庖中，方寂無一人。帝大笑曰：「向敏中大耐官職。」這都是把「名位」看成可有可無的實例。

莊子有幾句話說得好：「若夫不刻意而高，無仁義而修，無功名而治，無江海而閒，不導引而壽，無不忘也，無不有也，淡然無極而眾美從之，此天地之道，聖人之德也。」這所謂聖人之德，就是內心的均衡，這相當於一種宇宙的韻律，即是天地之道。此德是淡德，此道亦是淡道。

淡的好處是：淡之極，你就可如莊周所說：「忘其肝膽，遺其耳目，芒乎彷徨乎塵埃之外，逍遙乎無事之業。」

不淡的不好處，其最易給人體會的是如莊子說的「其嗜欲深者，其天機淺」。所謂「天機淺」，也就是心情的無法安排，而致內心之失其均衡。

和淡相伴而至的是靜，宋李沆答治道所宜先之問曰：「不用浮薄新進喜事之人，此最爲先。」王曾亦對帝進言，說是：「惟陛下抑奔競而崇恬靜，庶幾有難進易退之人矣。」又宋史載：王旦薦人，人未嘗知，諫議大夫張師德兩詣旦門，不得見，意爲人所毀，以告向敏中，敏中從容言之，旦曰：「旦處安得有毀人者！但師德後進，待我薄耳。」及議知制誥，旦曰：「可惜張師德。」敏中問之，旦曰：「累於上言師德名家子，有士行，不意兩及吾門，狀元及第，榮進素定，但靜以守之耳。若復奔競，使人無階而入者，當如何也？」這裏所說的喜事和奔競，就是靜的反面，亦就是淡的反面。關於靜，王夫之先生說得好：「乃所謂靜者，於天下妄動之日，端凝以觀物變，潛與經綸而屬意於可發之機，彼躁動者，固不知我靜中之動，而我自悠然有餘地矣。天地亦廣矣，物變有所始亦必有所終矣，事之可爲者，無可禁我以勿爲，所難者，身處於葛藟卼臲之中，而酒食相縻，赤紱相繫，於是而戈矛相尋不覺矣。靜者自悠然天宇之內，用吾才成吾事者無涯焉，安能役役與人爭滎洄於漩澓之中乎？澄神定志於須臾而機自審，言之有當者，從之自決矣。」這所謂靜，亦就是內心的均衡，和心情安排得好，以及心有所主。

心有所主就是定，定就是不動，這不動就是那所謂內心的均衡，什麼也不打破：「甑」打不破，「妓」也打不破。「利」也打不破。「名位」也打不破，以至像下面所說的刀兵水火也打不破。那史實是：

一、魏曹爽寇漢中，王平遣護軍劉敏據興勢，帝又遣費禕救之，將行，光祿大夫來敏，詣禕別求共圍棋，時羽檄交至，人馬環下，嚴駕已訖，禕與對戲，了無倦色，敏曰：「向聊觀試君耳，君信可人，必能辦賊也。」這是所謂刀兵也打不破！

二、苻堅譴陽平公融，督張蚝慕容垂等發長安戍卒六十餘萬，騎二十七萬，旗鼓相望，前後千里。詔以謝石謝玄帥眾八萬人拒之。秦兵既盛，至穎口，都下震恐，玄入問計於謝安，安夷然答曰：「已別有旨。」既而寂然。玄不敢復問，安遂命駕出遊山墅，親朋畢集，與玄圍棋賭墅。安棋常劣於玄，是日玄懼，便爲敵手，而又不勝，安遂遊跡，至夜乃還——這也是刀兵打不破！

三、裴度在中書，左右忽白失印，聞者失色，度飲酒自如，頃之，左右白復於故處尋得印，度不應，或問其故，度曰：「此必吏人之盜以印書卷耳，急之則投諸水火，緩之則復還故處。」

——這便是所謂水火也打不破。打不破什麼？打不破內心的均衡。

船山先生說：「堂堂巍巍，壁立千仞，心氣自爾和平。」威加南蒂（Ewithiewlkenanai）氏說：「安定是力量的最大顯現。」世界上亂人意向的事甚多，我們總得要不爲所動，我們要安定著，我們要心平氣和。至於那徒亂人意的事，我們還總得要避免著。富弼始受命使契丹，聞一女卒，再往，聞一男生，皆不顧，得家書，未嘗發，輒焚之，曰：「徒亂人意。」故能成兩國之好。這使我又想起了老子的一句話，就是「用志不紛乃凝於神」。所謂「神」，也可以說是心情安排得好好的一種內心的均衡啊！

當王陽明奉命入贛時，王思輿就對著季本說：「陽明此行，必立事功。」季本就問道：「何以知之？」答曰：「吾觸之不動矣。」後來陽明果然把寧王擒拿了來，於是便有人問他道：「用兵有術否？」答曰：「用兵何術？但學問純篤，養得此心不動乃術爾。凡人智能相去不甚遠，勝負之決，不待卜諸臨陣，只在此心動與不動之間。」

一個人的心情安排得好好的，淡然無極，志定神澄，憑什麼也打不動，這便是內心的均衡。

明道先生說：「萬變皆在人，其實無一事。一個人要是眞能把心情好好安排而確能獲得那內心的均衡，便自然會「無一事」了。這就叫做洒脫得乾乾淨淨，這也就是單純到了極點或簡單化到了極點呀。所謂「有物先天地，無形本寂寥，能爲萬物主，不逐四時凋」，這樣把內心簡單化得好好的，就必然會「日暖風和草自幽了」。

七、生活的簡單化

一個人的內心的均衡要淡定，這是所謂的知止寡欲，這當然要根據著一個人的生活的簡單化。今請再去進而討論著生活的簡單化。這簡單化，是必須體會的事。

東晉時有一位郭璞，卜筮最爲靈驗，對一個人的富貴窮通夭壽等等都能筮知，在那時候，他已算是一位最大的預言家，而在我國歷史上也算是一位最高明的卜筮家。有一次他要替顏含卜筮，顏含卻拒絕了他，並且說：「年在天，位在人，修己而天不與者命也，守道而人不知者性也，自有性命，無勞筮龜！」顏含是一位很單純而正直的長者，他活了九十三歲。史載：顏含以老遜位，時論者，以王導帝之師傅，百僚宜爲降禮，大常馮懷以問含，含曰：「王公雖貴重，禮無偏敬，降禮之言，或是諸君事宜，鄙人老矣，不識時務。」既而告人曰：「吾聞伐國不問仁人，向馮思祖（馮懷字）問佞於我，我豈有邪德耶？」

關於顏含先生，船山《讀通鑑論》中有一段批評他的文章，說道：

「顏含可謂知道之士矣，郭璞欲爲之筮，含曰：『修己而天不與者，命也。』此猶人之所易知也。又曰：『守道而人不知者性也。』淵乎哉，其言之，非知性而能存者，不足以與於斯矣。夫人能知其所知，而不能知其所不知，必矣。欲人之知吾性也，實難，非吾之性異於人，彼不能自知也。彼不自知其性，抑將知何者爲性，而知吾性之然哉？不知仁，以爲從井救人而已，不知義，以爲長彼之長而已，性固人所不知，而急於求人之知性，則非性也。夫郭璞有所測知於數理之化跡，而迫於求人知之，是以死於其術。苟其知性爲人所不知，則懷道以居貞，何至浮沉凶人之側，弗能止其狂悖而祇以自戕，無他，有所測知，而亟欲白之，揣摩天命，而忘其性之中含者也。庸人之所欲知而亟問之鬼神象數者，富貴窮通夭壽已耳，皆化跡也。仁之惻隱痛癢喻於心，人之羞惡喜怒藏於志，動以俄傾，辨於針芥，而其發也，橫天塞地，不能自已，君子以信己者信之，尙弗能盡知也，而況於今之人乎？子曰：『知我者其天乎？』謂以心盡性，皎然於虛靈之無跡，非夫人耳目聞見之逮也，含庶乎其與聞此矣。出處以時，守禮以不屈，宜乎其爲君子矣。」

以上一些話，我們要是能夠細細加以體認起來，我們將不難感覺到一個人的生活的簡單化，會就是一個人的「性命」之所宜。

程明道先生說：「百官萬務金革百萬之眾，飲水曲肱，樂在其中。」像這一類的話，我們的先哲是說得太多了。然而我們要知道，這些都不是無緣無故說出來的，因爲我們很知道；一些古今中外的大人物，其一種偉大崇高而清明深遠的人格，會都是從那些話裏做出來的這「生活的簡單化」。我們可以說它是倫理學上的事，但是我們還更可以說它是美學上的事，那是道德也是藝術！

「人心不能有所繫」（明道語），生活自也不能有所沾，因此你就需要簡單化！

《詞苑叢談》載：後周末，汴京石氏開茶肆，有丐者索飲，其幼女敬而與之，如是月餘，父怒笞之。女供奉益謹。丐謂女曰：「汝能啜我殘茶否？」女頗嫌之，少覆於地，即聞異香，亟飲之，便覺神體精健。丐者曰：「我呂仙也，汝雖無緣盡飲我茶，亦可隨汝所願。」女只求長壽，不乞財物，呂仙遺詞曰：「子午當餐日月精，元關門戶啓還扃，長似此，過平生，且把陰陽仔細烹。」

這是一段所謂仙語。神仙之事，我們當然要不必多談，不過所謂「仙佛」，你也可以有一種淺看和近看之法，所謂「遠在天邊，近在眼前」，你只要淺看近看就得。陽明有句話，大意是說：「即吾盡性至命中不染世累謂之佛，即吾盡性至命中定養此身謂之仙。」於此我們就不妨說那仙佛也不過是代表著那「簡單化到了極點」的兩個字眼而已。因此那敬啜著「殘茶」就可長壽的一段神話，我們就實在也不妨把它當作一段實話去看了。試想：一個人的生活，如其能簡單化得直到「敬啜著殘茶」的地步，這還不夠如莊子所說的「聖人休休焉，則平易矣。平易則恬淡矣，平易恬淡則憂患不能入，邪氣不能襲，故其德全而神不虧」了嗎？而且這還不夠可以長壽了嗎？諸葛公在其與張魯書中也說道：「靈仙食命，猶節松霞，而享身嗜味，奚能尚道？」所以「飲水曲肱」或是「啜著殘茶」，這就是一種道。這是一種生活簡單化之道。這也是一種延年益壽之道，這更是心安理得之道，而且這還是天清地寧之道，和「性命」之道！顏含先生說「自有性命，無勞筮龜」，這當然可以「無勞筮龜」呀！

還有八仙之一並爲呂洞賓之師的鍾離權，也曾做了一首詩：「露滴紅堦玉滿畦，閒拖象屨到峰西，但令人似蓮花潔，何必身將槁木齊，古塹細香紅樹老，半峰殘雪白猿啼，雖然不是桃花洞，春至桃花亦滿蹊。」

要怎樣才可以「心似蓮花潔」？要怎樣才可以不會「身將槁木齊」？要怎樣才可以「春至桃花亦滿蹊」？可以說，這都須得要生活的簡單化。「只有簡單的生活，是最充盈最高貴而最有用的生活」，目前連美國也有作著如此警世之言的人，而安因斯坦在其《我如何看世界》一書中，也說著：「我所受於世人之賜，我總覺太多，我須要生活簡單。」我們可以說：越是簡單化的生活，便越可以接近和充實著一種人所特有的精神生活，在一個人的生活裏，精神是重要的。哥德（Gotle）說過幾句話：「這至很足以驚人的，我們的精神對於我們的身體有著極大的力量，因此讓精神永遠做著主人吧！」一個人的好的精神，每淵源於一個人的好的思想，威可士（Ellawheeler, wilcoz）說：「於不知不覺中，思想成就了或好或歹的將來，也成就了一個宇宙，思想是命運的別名。」而生活的簡單化，其結果就將要給你一個好的思想，這思想還會伴著一個不朽的信心，讓你相信著你的心，可似「蓮花」，你的身，不同「槁木」，而且「滿蹊」會都是「桃花」。

威格斯夫人（wiggs）說：「當天上濃雲密佈，將陽光遮得還漏一些隙縫時，你就始終相信著：太陽還在這裏發著光彩。」所以「雖然不是桃花洞」，你終可相信著「桃花亦滿蹊」。拉斯金說：「各種正當的行爲和眞實的思想，會將美麗的印記，刻劃在你的身上和你的臉上的。」因此，只要你肯定著你所願望的東西，那東西就會在你生活中表現出來，如此，你就儘不妨相信著你那簡單化的生活，就是最爲豐富的生活了！

挨麥松（Emersan）說：「我們要用不斷的肯定來增強我們的力量，不要向壞的作著狺狺之聲，只須向好的謳歌。」所以不要失望，或缺乏信仰，失望或缺乏信仰是不好的。這在病人，就會使良醫束手。阿士來（Wosler）醫師在英國百科全書中寫道：「在治療術上，心理學的方法，一向佔著一種重要而大部分還沒有被承認的地位，一切治療的成功，大部分起源於信仰，因爲信仰能夠鼓起精神，使血液流行較爲自由，神經系統亦能完成他的作用而不遭擾動。返過來看，失望或缺乏信仰，常能使最壯健的身體機構沒落到死亡之門，信仰能使一瓢之水、一丸之藥，作成差不多神奇的治療，同時最良的藥品，則因無信仰而失敗了。」還有我們還知道古羅馬人替一位在羅馬最黑暗的時候拯救他們的將軍，立個銅像，並寫著這句話：「因爲他不曾對共和國失望。」希望與信仰是最要緊的，要不斷的肯定，要不斷的希望，對不好的要相信他的可以好，對無希望的，也要儘量地去希望。

而簡單化的生活，就是這肯定，信仰和不失望的生活！

石達開有首寶劍詩：「床頭忽作老龍吟，鬱鬱書生殺敵心，已到窮途猶結客，風塵相贈值千金。」又史載：延陵季子過徐，徐君愛其寶劍，季子心知而許之，使還，徐君已歿，遂解劍，懸其墓而去。

而簡單化的生活，也就是這「窮途結客」，「心知而許」的生活。

又史載：王曾罷政事，王旦聞之曰：「王君介然，他日德望勛業甚大，顧余不得見爾。」或請問其故，曰：「王君昨辭觀使，雖拂上旨，而詞直氣和，了無所懼，且始被進用，已能如是，我自任政事二十年，每進對稍忤，即蹙踖不能自容，以是知其偉度矣。」

而簡單化的生活，也就是這「了無所懼」的生活。

孔子曰：「仁者不憂不懼」。荷爾克姆博士（W. H. Helcomb）也說：「所有最大的病態心理，影響人類身體最兇惡者是畏懼的情態。懼怕有許多等級或階段，自極端失驚恐怖或震駭的情態起，下至感覺接近不幸的輕微惶恐止，但是沿這線的都是同樣的東西——在生活中心的一種破壞的印象，經過神經系統的作用，會在身體每個細胞組織中，發生廣汎的各種病態。」費多（Hoyace fiethoy）氏更說：「懼怕正像抽入一個人的氣圍中的炭氣，這會引起心靈道德上與精神上的窒息，甚至死亡，能力死亡，細胞死亡，以及一切生長的死亡。」因此，只有「了無所懼」的生活，才是身心都健全的生活。

史載，唐睿宗召天台道士司馬承禎，問以陰陽術數，對曰：「道者損之又損，至於無爲，安肯勞心以學術數乎？」上曰：「理身，無爲則高矣，如理國何？」對曰：「國猶身也，順物自然而心無私，則天下理矣。」上嘆曰：「廣成之言無以過也。」那廣成之言是空峒山石室中答黃帝之問的幾句話，就是：「至道之精，窈窈冥冥，至道之極，昏昏默默。無視無聽，抱神以行，形將自正，毋勞爾形，無搖爾精，乃可長生。」同時，關於「田地淨潔，觴處全眞」之道，程明道先生也說：「我這裏只有減法。」

而簡單化的生活，就是這「損之又損」的減法生活。

宋時趙抃做了宰相，當時皇帝對他獎勵著說：「聞卿匹馬入蜀，以一琴一鶴自隨，爲治簡易，亦稱是矣。」這一琴一鶴的生活，也正就是減法的生活。

史載：唐宣宗好神仙，遣使迎道士軒轅集於羅浮山，至長安，問曰：「長生可學乎？」對曰：「王者，屏欲而崇德，則自然受大遐福，何處更求長生？」留數月，求還山，乃遣之。

而簡單化的生活，也就是這「屏欲崇德」的生活。

諸葛武侯誡外甥書說道：「夫志當存高遠，慕先賢，絕情欲，棄凝滯，使庶幾之志，揭然有所存，惻然有所感，忍屈伸，去細碎，廣咨問，除嫌吝，雖有淹抑，何損於美趣，何患於不濟，若志不強毅，意不慷慨，徒碌碌滯於俗，默默束於情，永竄伏於凡庸，不免於下流矣。」又與張魯書說：「吾心如秤，不能爲人作輕重。」史載：亮遣使者至懿（司馬懿）軍，懿問其寢食及事之繁簡，不問戎事，使者對曰：「諸葛公夙興夜寐，罰二十杖以上皆親覽焉，所噉食不至數升。」懿告人曰：「諸葛孔明食少事繁，其能久乎？」又史載：范仲淹之選監司也，取班簿視不才者，一筆勾之。富弼曰：「一筆勾之甚易，焉知一家哭矣？」仲淹曰：「一家哭，何如一路哭耶？」遂悉罷之。所有這「揭然有所存，惻然有所感」和「吾心如秤」以及「一筆勾」的生活，也都是「屏欲崇德」的生活。

孔子曰：「君子無終食之間違仁，造次必於是，顛沛必於是。」又說：「至誠無息。」

這不違無息，原是難言的，禪師家有湧泉欣嘗曰：「老僧四十年於此，尚不免走作，汝等諸人，愼莫輕開大口。」可是我總以爲要到那個地步，會總缺少了一個步驟，那便是生活的簡單化。生活簡單化的境，我以爲起初會是擇善固執，接著會是「清明在躬」，再過去，便就會「沖漠無朕而萬象森然」。同時，這生活的簡單化，說淺一點，或說近一點，這便會就是生活的原則性，也可以說是生活的出發點，是最基本的法則，而憑這法則，你就可以作其一己生活的全部說明，而且伴著來的會就是行爲的韌性。所謂念茲在茲，鍥而不捨，一切的動盪，你都可以支持著，然而這也是不容易的，這還須得另外有兩個最基本的步驟，這就是「讀書與磨練」。

史載：孫權謂呂蒙曰：「卿今當塗掌事，不可不學。」蒙辭以軍中多務。權曰：「孤豈欲卿治經爲博士耶？但當涉獵見往事耳。卿言多務，孰若孤？孤嘗讀書，每自謂大有所益。」蒙乃始就學。及魯肅過潯陽，與蒙議論，大驚曰：「卿今者才略非吳下阿蒙。」蒙曰：「士別三日，即當刮目相待，大兄何見事之晚乎？」肅遂拜蒙母，結交而別。這便是所謂「老粗」也得讀書。

又史載，宋太宗勤於讀書，自己至中，然後釋卷，詔史館修《太平御覽》一千卷，宗琪以勞瘁爲諫，帝曰：「開卷有益，不爲勞也，朕欲週歲讀遍是書耳。」每暇日則問文仲以經義，著以筆法。這便是所謂「皇帝」也得讀書。

程明道先生還說了一句最透澈的話：「不學便老而衰。」所以時時學習，時時讀書，這對生活的簡單化是十分必要的！

上面說過，生活簡單化，不僅是道德，而且是藝術，一切的屋宇田園勳章賞賜以及世界上最美妙的東西，會都抵不過。據說拿破崙部下的上將來非兒（Lefelure）被封為但澤公爵，其政界一友羨其房屋勳章和其他獎賞，這位老將聽得不耐煩，便說道：「如果你想要那些東西，就請你來到我的花園中讓我離四十步遠，對著你射十鎗，如你仍然活著，我就把我所有的給你。」他那位朋友表示不願意，於是他就說：「也罷，但請你記著，我在獲得這些東西之前，我在同樣的距離曾被開鎗射擊過幾百次。」然則，「生活簡單化」的高貴的德性和美妙的藝術，又哪裏可以不須要出死入生地不惜受盡一切磨難去獲取呢？又據說：在英國舊時任何一個山砲的新設計模型，交給砲兵委員會後，那委員會便不問三七二十一，先把它搬到一百呎高的塔頂上，拋落地下，若是它仍可使用，纔再予試驗，這就是一個磨練的例子。一個人的生活，也正應如此，這纔談得上所謂的簡單化。不過這磨練主要的自然還是工作上的磨練。一個人最好是只一生做一件事，但求其可久可大，或是一時專心做一件事，等這事做完了再及其他。拿破崙說：「我做一件事的時候，單想這一件事，旁的都不想，做第二件事的時候，又早把第一件事忘記了，所以我不會疲乏。」這眞是名言。

「天行健，君子自強不息」，我們要從工作中磨練，同時去從工作中永續你的生命。法國大文豪伏爾泰耳（Voliaire）氏是個多病的人，一天就有半天睡在床上，但寫了很多的名著，並且活了八十四歲，他說：「我如覺得不舒服，便寫文章，文章是可以治病的。」其實，這不僅是文章，凡是工作都是可以益壽延年的，而且開天闢地，也靠的是「人的工作」呀！

舉凡工作的永恆，思想的清明，行爲的韌性，信心的不朽，精神的深度，以至性命的修持，這都是一串聯繫於一個人的簡單化的生活。

在一個人的生活的簡單化裏，會「自有性命，無勞筮龜」，會「飲水曲肱」、「樂在其中」，會「敬啜殘茶，神體精健」，會「桃花滿蹊，只待春至」，而且會「永不失望」，會「窮途結客」，會「心知而許」，會「了無所懼」，「損之又損」，以至「摒欲崇德」，而「不息不違」。所有這些再憑了一個的不斷的讀書與工作的磨練，那便「成聖」、「成神」、「成仙」、「成佛」，就都會任憑你自己了！

八、一個人的完成

一個人的生活簡單化，是有其種種不同的深度和高度的，而這深度與高度便又須要反過來根據著上述的各個根據，同時這各個根據，又都是互為根據，並相互加其深度和增其高度，以至無盡的。於此，你便會了然於一個人的完成，是絕無止境的，而一個國家，一個世界，以至一個宇宙的完成，亦復如是。這就是為什麼一切都須要著「勇猛精進」和「自強不息」的道理。

由一個人的一念的簡單化，而「勇猛精進」，「自強不息」，再由一個人的自強不息和勇猛精進，而益復簡單化著人的一念，如此繼續靡已，這之間，便存在著一個人的完成，以至一切的完成。到此，我自須更進一步去結論著所謂「簡單化」。

子在川上，喟然嘆曰：「逝者如斯乎，不舍晝夜。」

趙州云：「汝等諸人被十二時使，老僧使得十二時。」

舉凡動中求靜，忙中求閒，苦中求樂，亂中求治，邪中求正，毀中求全，以及黑暗中求光明，變易中求不變，一瞬中求永恆，這都叫做簡單化。這簡單化，將始於人之一念，亦將終於人之一念。這亦就是所謂「始條理，終條理」，這簡單化實亦相當於「條理」。這條理見之於生活，便是生活的簡單化；見之於內心，便成內心的均衡；見之於人情便為人情的正軌；見之於人與人之間，便為一個人的容量；見之於事與理之間，便是一個人的重量；見之於人性，便為對人性的了悟；見之於天下國家，便成為太平的線索。孟子曰：「始條理者智之事也，終條理者聖之事也。」智是一念的簡單化，聖亦是一念的簡單化。荀子曰：「聖人言雖千舉萬變，其統類一也。」所謂「一也」，亦就是簡單化。

肇公有言：「道遠乎哉？觸事而眞，聖遠乎哉？體之即神。」這所謂「觸事而眞」是簡單化，「體之即神」亦是簡單化，道之與聖，「遠在天邊，近在眼前」。這關鍵，全在人的簡單化之一念，我們應當「以此洗心退藏於密」！

有人問禪師家圓悟勤：「如何是諸佛出生處？」答曰：「薰風自南來，殿閣生微涼。」所謂「薰風……微涼」之相，亦就是簡單化之相。只此便是諸佛的出生處，只此亦會是人生的歸宿處！

莊生有言：「適來夫子時也，適去夫子順也，安時而處順，哀樂不能入也。」這「哀樂不能入」會也是簡單化的成效。

張橫渠先生說：「存吾順也，沒吾寧也。」這又便是一個人的存沒的一貫的簡單化。所謂「善吾生者乃所以善吾死也」，這便是所謂生的簡單化，亦就是所謂死的簡單化，而一個人的往來出處行藏語默等等，亦復如是。

莊子又說：「天下有道則與物皆昌，天下無道，則修德就閒。」這「昌」是簡單化，這「閒」亦是簡單化。

相傳呂洞賓有詩云：「常恨清風千載鬱，洞天今得恣遊遨，松楸古色玉堂靜，鸞鶴不來青帝高，茅氏井寒丹已化，元宗碑斷夢仍勞，分明有個長生路，休向紅塵嘆二毛。」這「長生路」是簡單化，然而孔子說：「朝聞道而夕死可矣。」這「聞道夕死」，當會更是簡單化。

邵康節於其答鄉人詩中有句云：「平生不作皺眉事，天下應無切齒人。」這「不作皺眉事」，亦正是所謂簡單化。

陽明先生有兩句話說得好：「循理爲善，動氣爲惡。」這「循理」就是「簡單化」，因此，就也可以說「簡單化」爲善，反之，爲惡。可是「風竹，是感應無心，如人怒我勿留胸中，須如風動竹，德之至於無我者，雖善言善行，莫非所遇之化也」（程明道語）。於此；所謂「善」，你也須得去簡單化。

史載：司馬光孝友忠信，恭儉正直，自老至少，語未常妄，自言吾無過人者，但平生所爲，未嘗有不可對人言者耳。誠心自然，天下敬信，陝洛皆化其德，有不善，曰：「君實得無知之乎？」光於物淡然無所好，於學無所不通，惟不喜釋老，曰：「其微言不能出吾書，其誕吾不信也！」這「未嘗有不可對人言者」的平生所爲，這「君實得無知之」，之「皆化其德」，這「其誕吾不信」之「學無不通」，凡此亦都是一個人的有其深度和高度的簡單化。

程子曰：「所守不約，氾濫無歸。」這「守約」，亦正是簡單化。

宋史：趙普性深沉，能以天下爲己任。寡學術，太祖勸以讀書，遂手不釋卷，每歸私第，闔戶啓篋，取書誦之竟日，及次日臨政，處決如流，既卒，家人發篋，取書視之，則論語二十篇。嘗謂帝（太宗）曰：「臣有論語一部，以半部佐太祖定天下，以半部佐陛下致太平。」像這樣的對論語的所守之約，亦就是簡單化的實例。

「君子遯世無悶」，由所守之約，以至「遯世無悶」，這都是簡單化。

孔子曰：「不思人之不己知，患不知人也。」這「遯世無悶」的不求人知，亦正是簡單化。

宋史：終南山隱士种放，洛陽人，沉默好學，以講習爲業，學者多從之。詔使徵之，其母恚曰：「常勸汝勿聚徒講學，果爲人知，不得安處。」似此以「果爲人知」爲恚，便是「不求人知」的簡單化的實例。

以前唐穆宗看見柳公權所寫的字很好，便問他說：「卿書何能如是之善？」答曰：「用筆在心，心正則筆正！」孔子也曾說過：「其身正，不令而行。」這所謂「心正」、「身正」，自然還是由於簡單化。

唐史：韓滉久在二浙，所辟僚佐，各隨其長，無不得人。有故人子謁之，考其人一無所能，然與之宴竟席，未嘗左右視，因使監庫門，其人終日危坐，令卒無敢妄出入者！這「未嘗左右視」，粗說亦是簡單化，雖是其人只是簡單，而「一無所能」，但仍有其用。

又史載：元順帝一日閱徽宗（宋）畫稱善，奎章閣學士巙巙進曰：「徽宗多能，惟一事不能。」帝問何事？對曰：「獨不能爲君耳，其身辱國破皆由不能爲君所致，凡爲人主，貴能爲君，他非所尚也。」又《北窗炙輠記》周正夫曰：「宋仁宗百事不會，只會做官家。」袁了凡曾於其所輯通鑑一書中，闡揚其意義，說道：「夫惟急所當務而不屑其所不必務，此明君所以無爲而治也。」「急所當務」，亦就是簡單化。雖其人「多能」，但一不簡單化，便「身辱國破」。否則，就是「百事不會」或「一無所能」，亦可成其爲「聖君明主」或「善監庫門」，而終於各有其用了。

這以上會都是一個人的用世的簡單化的實例。

還有用人的兩個簡單化的實例，史載：蜀費禕使吳，吳主權曰：「楊儀，魏延，牧豎小人，後必爲亂。」禕曰：「功以才成，業以才廣，若防其後患，捨而不用，是猶備風濤而遂廢舟楫，非長久計也。」這叫做什麼人都可以用，只要你心地坦然能有其一種簡單化的不求全的用法。又史載唐代宗召李泌入見，語以元載事，因言路嗣恭，初平嶺南，獻琉璃盤，徑九寸，朕以爲至寶，及破載家，得嗣恭所遺載盤徑尺，當議罪之。泌曰：「嗣恭爲人，小心善事人，精勤令事，而不知大體，昔爲縣令有能名，陛下未暇知之，而爲載所用，故爲之盡力，陛下誠知而用之，彼亦爲陛下盡力矣；且嗣恭新立大功，陛下豈以一琉璃盤罪之耶？」上意乃解，以嗣恭爲兵部尙書。這叫做什麼人都可讓你用，只要你「知而用之」，並有其一種簡單化的不責備的用法。當然用人的正軌，自然還是應當去求人才於天性之中的，同時，這所謂「求人才於天性之中」，亦即是求人才於簡單化的人物之中。

說話亦有其簡單化的道理，這最簡單化的道理便是孔子所說的「余欲無言」，以及所謂夫子「時然後言，人不厭其言」。晉史：桓彝嘗謂褚裒曰：「季野有皮裏春秋。」言其外無藏否，而內有褒貶也。謝安曰：「裒雖不言，而四時之氣已備矣。」這「皮裏春秋」，和「四時之氣已備」的說話，亦會是一種簡單化的說話。

還有一種簡單化的做法的實例。史載：東魏高洋，歡之子也，內明決而外若不慧，眾皆嗤鄙之，獨歡異之，謂長史薛琡曰：「此兒識慮過吾。」幼時歡常欲觀諸兒意識，使各治亂絲，洋獨抽刀斬之曰：「亂者必斬！」像這抽刀斬亂絲的做法，正是那簡單化的做法。

「君子所過者化，所存者神」，而一個人的簡單化，是會也有其過化存神之妙的。唐史：楊綰性清簡儉素，制下之日，朝野相賀，郭子儀方宴客，聞之，減坐中聲樂五分之四，京兆尹黎幹騶從甚盛，即日省之，止存十騎，中丞崔寬第舍宏侈，亟毀之。請看：這是一種如何的簡單化的人格，所發生出的一種神效和所做成的一種奇蹟！埃麥崧（Mmerson）說得好：「天才和虔誠的信徒，投入世間的每種思想，改變著這個世界。」這眞是不錯的，所謂「制下之日，朝野相賀」，這是當然的。

明道先生和堯夫詩，有云：「醉裏乾坤輸萬物，閒來萬物更輸誰？死生有命人何與？消長隨時我不悲。」這裏所謂「死生有命」、「消長隨時」，也都是一種簡單化，一種對人生的看法的簡單化。而這一種簡單化的看法的效果，我們只舉出陸象山臨終時的情態，就可以清清楚楚明白著。史載：象山知荊山軍，政行令修，民俗爲變，一日謂家人曰「吾將死矣」，乃沐浴更衣端坐而逝！這眞是所謂「善吾生者」乃所以「善吾死者」的一種簡單化。

莊子還曾托爲孔子之言，說道：「哀莫大於心死，而人死次之，吾一受其成形，而不化以待盡，效物而動，日夜無隙，而不知其所終，知命不能規乎其前，丘以是日徂，吾終身與汝交一臂而失之，可不哀歟？」在這裏我們當可以深深看出變化不可執而留的悲哀，可是這悲哀我們亦儘有其簡單化之道，所謂「明體達用」、所謂「安常處變」，會都是一個人將一切去簡單化之道。

「人心惟危，道心惟微，惟精惟一，允執厥中」，所謂「人心」、「道心」，其差異處全在「簡單化」之與否，而所謂「惟精惟一，允執厥中」，正就是簡單化一種最好的說明。千萬不要以爲簡單化，會就是簡單，要知惟有到達那「沖漠無朕」，這纔是「萬象森然」呀！

《楞伽偈》云：「譬如巨海浪，斯由猛風起，洪波掀大壑，無有斷絕時，藏識海常住，境界風所動，種種諸識浪，騰躍而轉生。」正爲了那「種種諸識浪，騰躍而轉生」，你才需要著簡單化啊！

《老子》曰：「大曰逝，逝曰遠，遠曰反。」又說「反者道之動」。這「反」亦就是簡單化，所謂「復性之初」，也就是這個意思。

《易》載：「書不盡言，言不盡意，聖人之意，其不可見乎？神而明之，存乎其人，默而成之，不言而信，存乎德行。」這「言不盡意」，且使佛說著「我四十九年，不嘗說一字」之語，試想想這所謂「簡單化」，又會是如何的一種意境！

可是，一個人要是能夠對著一己少打算一點，節制一點，而當其面對著現實時，又能夠看遠一點，理想一點，這於簡單化之道，亦可以不會差得很遠，並且是從而可以「切思得之」的。

一切是「存乎其人」，和「存乎德行」的，這也是簡單化！

從一個人的一念的簡單化，到生活的簡單化，到內心的簡單化（內心的均衡），到人情的簡單化（人情的正軌），到對人的簡單化（對人的容量），到做人的簡單化（做人的重量），到對人性的看法的簡單化（人性的了悟），而且反過來，再由對人性的看法的簡單化，以至做人對人與夫人情以及內心和生活的簡單化，重新到達那一念的簡單化，這其間的一個「來復」，以至無窮的來復，就存在著一個人的完成！

由這一個人的完全，以至無數的無數的「一個」人的完成，你將可以獲得一個國家的完成，以至一個世界的完成和一個宇宙的完成，同時，這完成，也正是一種簡單化的過程的完成，只是，這過程是無始無終、無窮無盡的。儘管你在這過程中，成聖成神成仙成佛，然而這過程卻總是無始無終、無窮無盡的！

子曰：「成己，仁也，成物，智也。」

一個人的完成

這一個人的完成——這一個簡單化的過程啊！
《易》曰：「成性存存，道義之門。」
這一個簡單化的過程——這一個人的完成啊！

——三十二、六、一、於昆明大石壩興隆寺

附一、二十世紀生物科學上之生命解釋

（一）

十九世紀是物理學的世紀，二十世紀是生物學的世紀，因爲物理學上之重要的成就，是在十九世紀，而生物學上的核心問題、生命問題，其研究之有成就，當在二十世紀之中，但至目前爲止，人類仍然是明於外物而昧於一己的生命，人類生命的研究還是一個開端。而在生命研究上的成就，自較原子彈等等的成就，遠爲重要。

（二）

關於生命的現象，我們現有的知識，已有如下之重要各點：

1、一九〇〇年，猶太生理學家羅布（J. Loeb）試驗海膽，發現酪酸可代替精蟲，使卵子成長。目前海膽海星等未受精之卵子，可用人工製成小動物，並且除酪酸一類之化學品可代替精蟲以外，物理作用如震動、針刺、受冷、受熱或通電等，皆可使未受精之卵子發展。法人巴達楊（Bataillon）亦認卵是基本的，不可少的。

2、二十世紀初年發現陰性生殖內分泌素注射於陽性體內，能促其生產卵巢，此等原素，並可用人工製造，現人工製造之內分泌素，確可使雌雄互易。

3、一九二一年，德國斯匹曼（Spemann）教授從蠑螈的胚胎研究上，發現胚胎的形成，係由於一種或數種類似固醇的化學品。此化學品，比國生物學家答克氏（Dacq）名之曰生機素（Organisine）

4、二次戰後發明的人工受精術，可使一頭公牛，一向每年生育六十頭犢牛的，現增爲每年五百餘頭。又用分泌粘液腺或子宮刺激物，以引起母牛較多卵子的流出，或易成雙胎或三胎之實行，以及把優良母牛的卵子，移植於品質較差的母牛體中，使優良母牛的子女，實際在品質較差的母牛軀體中養成，也在進行中。

5、一種價格頗廉的藥品名叫Stilbestrol，可以不須注射，只要喂給母牛吃，即可使母牛的產乳量大增，並可使不生小犢，亦可分泌乳汁。

6、光線溫度等，可變更生物因子，發生變種現象，紅眼睛蒼蠅可用強光線，使成白眼蒼蠅。

7、生物胚胎加入些化學品，例如有一類Fundalus heteroclitus魚之魚子，一度浸入加有氯化鎂的海水中，再放到清水中，則產生半數獨眼魚等怪物。

8、母鼠食品中抽去氯化鎂，則喪失母性。

9、蚯蚓可截成兩頭或兩尾之物。

(三)

上述各種生命現象，很容易使現代的人們從那裏得到一個觀念，就是生命的機械論，認爲生命會就是一個機械，是儘可用物理或化學去說明，甚至可去改變的，尤其是憑著下面二件事，我們更會有此感覺：這就是：

1、生物體內的燃燒現象、滲透現象、感光現象等皆可用嚴格之數學公式去表達，柏納德（Cloud Bernard）更認爲生命世界中，一樣存在著相同的理化定律。

2、一九三六年，美國司坦來（W. M. Stanley）發現蛋白質病毒，使生物與無生物間沒有截然可分之界限，這就是說：一個人及其他哺乳動物，可從單細胞生物變來，而此單細胞生物又可能從病毒的分子，即界於生物與無生物之間之物所變成。

最近柏克培克物理學院物理系主任柏諾爾氏，對生命之起源復有如次之主張，即：生命起源於古代海洋海岸，先由北洋海被紫外光輻射所衝擊，形成氮基酸，由此結成蛋白質。

柏諾爾氏並聯想此種凝結有關物質之機械作用，迨爲粘土，因粘土有一種特質，連結某種分子於其表面，並含有一堆一堆的微片，略可比諸蛋白質，由蛋白質構成細胞，由細胞構成一切生物，這是生命的起源，這是生命的究竟的一種機械的說明。

（四）

生命的機械解釋，當然也有他的力量，第一生命現象中最奇妙的莫過於生育，但精蟲既可以用化學品或物理作用所代替，雌雄又可以互易，人工可以授精並移植卵子，光線溫度和化學品等又可以更變遺傳因子，那所謂生育的神奇以及所謂天地的化育，也就平常了。其次食物可使不生育亦有乳汁，又可便母性喪失，而物理上的力學作用，又可使一種生物能有兩頭或兩尾，這使生命的機械作用，更爲明顯。末了，我們還知道，科學的進步，尤其是生物學的進步，現在是很快的，許多生命現象，就是現在未能完全用機械去解釋，但將來也終究是可能解釋的。這是生命的機械解釋所以會很有力量之大原因。

（五）

只是，生命的機械解釋，究竟是不夠的，這最普通的原因，就是：

1、生物的器官肢體如鳥翼，蟹螯、螳螂的折刀以及一般動物的眼睛，比人工遠較精巧，此當決非偶然。

2、互應（Coaptation）現象，如雄蟹的臍，係兩部分合成，若一撳扭。但在胚胎期間，則此兩部，各處一隅，各自發展，不相爲謀。似此當非可簡單予以機械解釋。

3、本身節調（Autoregulation）現象，如熱血動物遇冷則脊骨顫動生熱，同時，血中水分減少，注向皮下，鋪成一水層，隔離內外，藉以禦寒，此亦非僅機城作用。

4、免疫性（Immunity）現象，由白血球自動製造抗菌素或抗毒素以免疫，此亦不能作機械解釋。

5、法生物學家拉保氏（E. Rabaud）近發現水鳥之蹼和魚之鰭，皆與游泳無關，此使以前用機械解釋者，現又成一不可解者。

此外，一個更基本的原因，使生命的機械解釋，將因科學之進展，反會愈來愈覺困難，這就是：宇宙間最基本的定律，是惰性律，但至一六八七年牛頓引力定律發現後，我們即知有一與此相違之力即引力。至一八七三年馬克威耳（Maxwell）的電磁場律發現後，我們又知道有一與此相違之力，即電磁力。還有化合力及原子核力等，都是不可歸併之力，雖然從前物理學家，曾用電力解釋原子核的結合力，但是，後來法國波動力學的創造人德孚洛意氏，即認爲須另用一種「完全新的力」去解釋，此即原子核力。

而最近愛因斯坦經三十三年之努力，又證明牛頓引力定律與馬克威耳電磁場律，又同屬於一個宇宙律，同時一九〇五——一九一六年之相對論與一九〇〇年布蘭克氏（Plank）的量子論的合一工作，亦正由愛因斯坦去繼續著。將來隨科學之進展，目前所認爲的一些宇宙間之不可歸併的力，有時會可歸併，又有時會有新的不可歸併之力的產生，這便使作爲機械解釋之力的基礎，發生根本的動搖。這一關係很大，因爲生命的究竟就是在一個時候，因科學進展可能全用機械解釋，但到又一個時候，必將又因科學之再進展而被推翻。

（六）

據史布林（Howard Spring）氏的意見，人類目前的智慧，已比以前退萎，原因是由於工作愉快的消滅。又據歐洲有些醫學雜誌發表的零星論文說：科學之在歐洲，以前能夠發達，是由於白種人的大腦，適合於科學的研究，但在目前，歐洲人的大腦已逐漸起著變化，以後會愈來愈不適於科學。此外，白種人的牙齒，現在也成問題，牙病性病，將是人類文明的兩大威脅。

關於人類身體構造，據近來化學家的分析結果，差不多所有的原素，人身都包括得有。其中化學上的稀有金屬的原素，甚至連地球上都根本沒有。然則又從什麼地方得來呢？一般的解釋，說是：人身的原素是從食物而來，但我們知道：我們日常的食物所包含的原素，甚爲有限，同時，我們又知道：各人的食物決不相同，有些人的食物至爲簡單，如越南的鄉下人，差不多只吃著白米，非洲有些黑人，甚至僅賴吃香蕉生活著，而用白米與香蕉的成份去構成人身的各種原素是大不夠了。人身裏有些原素如所謂稀有金屬，只在太陽裏才有。那末，太陽裏有的東西，又藉什麼方法到人身來呢？這在現代的醫學上的解釋，是藉太陽的輻射作用，到達人身。這對人的生命最重要，因爲人的生命的延續，與此關係最爲密切。

（七）

人的身體的構成，缺少不了金屬物質，人的生命的延續，則爲此金屬物質不斷消耗和繼續補充的一種過程。普通金屬物質的消耗，易從食物裏獲得補充。但稀有金屬物質的消耗，必須從太陽裏藉輻射作用去補充。而在一種怎樣的狀態下，這輻射作用始能對金屬物質的補充，有其功效，則爲一極有趣之問題。研究的結果，證明心理的平衡，是一個大關鍵，這就是說：要在心理的平衡狀態，人身始能藉輻射作用，從太陽裏獲得稀有金屬的補充，在大喜大怒大驚大恐，或憂慮過多、哀愁過度的情形下，輻射作用即失其效。在此一意義下，生命的機械解釋，更屬不夠。

（八）

印度生物學家對生命問題的研究，在全世界已算是成績最好的國家之一。在印度古代傳說裏有所謂天眼通之類，此事，現時據印度有些研究生命問題的生物學家的解釋，已並不足異，因爲像電一樣，滿佈太空，無人覺察，但讓其集於一點，即成電燈，而放光明。人的生命亦復如是。古代印度的修行家，能夠做出種種神奇，就是由於他們藉靜坐一類的修行工夫，把一己的生命力量加以集中，故能起一種神奇的作用。要知人的思想可以使風雲變色，又可興邦喪邦，並開創新的天地，但其自身因用思想而消耗之「能」，則小至不能測算。

降靈之事與所謂靈學之研究，實使人對靈魂問題，不能不有其新的認識，而須正視之。依布羅德氏（Broad）的解釋，降靈乃由於一種心靈因子，能暫時移植於降靈者的身上，此因子一經移植成功，即在降靈者身上，形成一種意識，與其本身的意識連合活動，惟爲時很暫。

一個人的思想，與另一個人的思想，能遙遙相互交通，確屬事實，因有此等事實的存在而產生的新科學，已被稱爲靈學。此種靈學實亦是研究一部份客觀的實體，此乃研究人類的另一面，能將許多人具備的特殊性能，予以清楚之解釋，故很可與心理學及生理學等量同觀，並非怪誕之學。

劍橋大學道德哲學教授賽德威克（Henry Sidgwibk）在一八八二年，就創立了靈學研究會（Society for Psychicol Research）。在大生理學家利希脫氏（Charles Richt乃發現異應症anaphylax者）及法國里昂大學醫學教授泰西埃氏（Joseph Teissier）等鼓勵下，並在法國政府之承認下，一九一九年猶有一個國際靈學學院之成立，法文爲Institut international de Metapsychique，其執行委員會中，除一位巴黎大學醫學教授外，皆爲醫生。關於「前知」的研究工作，美國杜克大學（Duke University）的心理學系，在芮因（Rhine）博士指揮下，正在進行中。關於靈感研究，已有不少學會，特別在美國，其對預測和靈感所研究的成績，實可注意。此等現象，現已到達從生理方面予以研究之時。此則必須有生理學、神經學等識，深悉人的構造作用及心靈方面的種種現象者，方有資格作此研究。具備有關人的豐富知識之醫生最有此資格。

人的思考、愛慕、痛苦與欣羨企求等，皆同時要用腦，又要用全部器官，而長久的苦悶與憂鬱，更可引起癌症的發生，或促其進展。一種道德上的衝突，據托耳特倫（Toltrain）氏的報告，是可以產生血液循環上的變化的。而人的思想，亦可產生器官的損壞，意識活動的統一與集中，則可給予神經及臟腑之功能，以內在的最大諧和。此外，還有許多神經活動，可以引起解剖功能乃至體素器官上的變化，凡此皆儘可見出生命的神奇。

法國勞德醫務局（Bureau Medical de Lourder）專搜集神奇自癒之疾病的事實，有如沈疴的骨結核，癌腫，腹膜炎等等，都可因曾受祈禱之影響，而能於最短期間，忽然不藥而自癒。有一國際醫學聯合會，其中亦有很好的會員，留意於此種現象之研究。現已集成這一方面的不少文獻，注意此事之醫生，亦爲數日多。法國波爾多醫學會有不少有名醫生，已正式討論其事，紐約的白特生博士（Dr.Frederich Peterson）所主持的紐約醫科學院，其院中宗教與醫學委員會也派出委員至勞德醫務局，去作特別研究，並曾將所觀察之事實作成報告，凡此皆更非持生命的機械說者所能解釋。

（九）

柏格森氏（Bergson）認爲智慧的特性，不足以了解生命。生機主義者認一切生物體內的單位，皆有一獨立原則以指揮之，此原則即爲「Ent elechic」，有如製造機器的工程師。此能獨立之主動者，並非「能」之形式，亦非由「能」所造成，而係專司生物之動向，似此解釋，自仍只是一種假定。

人體是由軟弱易壞而於數小時內即可分解的物質所構成，但又能爲長時期的存在，且堅如鋼鐵。目前在科學技術所創造的環境中，每使人的一切機能，不能儘量發展，科學與文化雖已有優異之成績，但人類的人格，則大有逐漸解體之趨勢。因此之故，生命問題之研究，對目前之人類而言，實是迫切的。

目前關心生命問題之學者有：福里克納（Simon Flexner，洛克菲勒醫學院主持人），羅布（Jacqus Loebe），麥耳弟責（Meltzer），諾鳩及（Noguchl），威耳及（Welch），加特士（Frederick Cates），考德第（Faedeaic R. Coudert）和加勒耳（Alexis Carrel）等。加勒耳氏說：「吾人須從各方面了解人類，凡理化、解剖生理、靈學、智慧、道德、藝術、宗教、經濟、社會等，都同樣重要，不能偏廢……在生理學即等於理化學的時代，即羅布（J. Loebe）及伯立士（Baysiss）的時代，一切心靈現象的研究便被輕視，大家皆不注意心理學和精神上的病態，至今依然。而靈視術及靈學上的一切現象，在學者們看來，皆爲迷信和幻想。他們認爲生理學上只有理化的方術和現象之存在。」（見其所著（L' Homene, Cet Inconnu 一書中）他隨即一一斥之。

關於人，即以人體而言，那實是介於星球與原子之間，其長度會等於體素細胞的長度二千萬倍，或普通細菌的二萬萬倍，或二千萬萬個蛋白質分子聯起來的長度。但地球的子午線又大約相當二萬萬個人頭足相聯續的長度。又光線一秒鐘環繞我們身體二萬萬週，而星球間的距離，則須以光年計算（光速每秒一八六〇〇〇哩）。說到神經，則一個神經細胞與其兩種突起共同構成爲一個有個性的組織者，稱爲神經原。每個神經原的延長之末梢，皆結成一小球，不斷活動，並以其結合膜爲介，與另一神經原之延長體末端相接觸。在每一神經原中的神經液之傳播，常向著一個方向：其中如根狀突是向心的，軸狀突是離心的。它能通過接合膜而達另一神經原，以同樣方式達到肌體纖維上面。在痛苦或意識的指揮運動時，神經液究作何狀態，尚未能知，但只須有一個電位的變化，即可使神經的活動力變移。亞特里昂（Adrion）氏在一個分離開的神經上面，發現負電波的傳播狀況，此電波達到腦時，即成痛苦的感覺。神經中樞內約有一百二十萬萬個神經原，皆由神經纖維互相聯絡著，每一神經纖維皆具複雜之分枝，因此，其相互間之連絡次數更難計算，此乃目前對人體與神經研究之重要知識。至於心靈與神經的強力，自然重於肌體的強力。一個大民族的後代能維持不壞，必其抵抗恐懼與疲勞之自然性能，尚未消失始可。凡是生活於群眾之中，與紛繁的人事接觸，時而在火車中，時而在汽車中，時而在電影院內，以及不知智力集中於何處的學校兒童，將顯然成爲不智慧的，此與整個民族關係至大，實不能不予以注意。

凡此對生命問題的研究，自皆有助於對生命的眞正解釋。

（十）

威爾斯氏在其「時間衡量的機械」一書說：「一個人在八歲、十二歲、十七歲、二十三歲等不同時間所照相片，即爲代表一個具有四因次的物之三因次的一段落，這每一段落間的差別，即代表個體之各級不同的變化，此種變化是機械的，也是心靈的。所以我們必須把內時（乃代表構成吾人人格的體素、體液、生理學上的組織，心靈上的活動的連續的狀態），分別爲生理時及心理時。」照諾威氏（Novy）的方程式，二十歲人的傷痕修復，較四十歲的人要快速二倍。據此方法，我們的人生理時的年齡，便可第一次予以衡量了。

我們的教育，亦正所以表現我們自身的恒久性，我們所具備之心靈，和器官的物質本身，其使我們持續的意義，是在「形式的創生，發明及絕對新的陸續凝成」。這便是我們以前所說的生生化化。

我們有天賦足以支配我們自己精神與器官的活動之最好能力，這正可自作主宰，主宰得當，即能有其個體的勝利與一己之完成。而存在於目前世界中之外來刺激，實對人們造成了一大災難。據維伯爾氏（Weber）說：若刺激爲幾何的增加，則感受性將爲數學的漸減，此使現代人類在精神上日漸痲木，並爲神經病患者的根源。照卑爾氏（C. W. Beers）之言，紐約省人每二十二人中，總有一人要在精神病院去住，而蘇俄人之失去自由，則更多陷入麻木之境。不僅如此，在血統純粹的狗一類動物內，其神經衰弱或瘋癇類似之疾病，於現時人造環境中，亦逐代增加。由此而論，關於人的壽命延長，雖 Merlin, Caliosto, Brown-Seguard, Voronoff氏等皆曾企圖青春長駐而失散，但根據現有的生命研究之結果已非難事，這看來是新的方法，但實際還是中國的一些老道理。

前面說了生命的延續，最要緊的一件事，是人身要從太陽裏，藉輻射作用，獲得稀有金屬物質的補充，但這必須要在心理的平衡狀態始能辦到。

所謂心理的平衡狀態，這用中國儒家的說話，就是仁。仁者不憂，這不憂，就是一種心理的平衡。由此而來的喜怒哀樂之未發的中，和發而中節的和，都是心理的平衡。仁者樂山，山也就是一種平衡狀態，如果失其平衡，那便是山崩。因此仁者壽，引申起來，就是維持了心理的平衡，就維持了生命。

照我們日常的觀察，及對歷史上人物的壽命的分析，我們知道左列性格的人的壽命長：一、寬大的，二、厚重的，三、渾含的，四、慈和的，五、創造的，六、收斂的，七、沖淡的，八、迂緩的，九、質鈍的，十、樸實的，十一、公正的，十二、平易的，十三、沉潛的，十四、簡單化的。

反過來說，下面十四種性格的人，其壽恆短：

一、偏狹的，二、輕佻的，三、精緻的，四、刻薄的，五、享受的，六、發散的，七、濃烈的，八、急促的，九、靈利的，十、浮華的，十一、邪曲的，十二、峻潔的，十三、燥動的，十四、複雜的。

我們拿三國演義來說，周瑜比諸葛亮的壽命要短，司馬懿又比曹操的壽命長。同是天才，但一個濃烈，一個沖淡，同是奸雄，但一個迂緩，一個急促，於是壽命長短便成兩樣。此外同是創業的大皇帝，劉邦比劉秀壽命短，李世民比朱元璋壽命短，這是因爲前者靈利，後者則較質鈍。更有趣的是同是孔子的弟子，顏回短命，曾參壽長，同是理學的巨子，程明道、陸象山、王陽明等壽短，而程伊川、朱熹以至吳康齋等壽命則又較長，這是由於前者在才性方面近於發散，後者則較收斂的原故。晚明諸老先生如黃宗羲、顧炎武、王夫之、孫夏峰等皆獲長壽，此亦因彼等在國家破亡之後，已日趨於沉潛和簡單化之所致。舉凡寬大、厚重、渾含、慈和、創造、收斂、沖淡、迂緩、質鈍、樸實、公正、平易、沉潛、簡單化等等，都是比較接近於仁的人，亦就比較有其心理的平衡的人，因此要長壽，還離不了中國儒家的一些老道理，同樣，也還得要講究一些舊的修養。這亦非機械論可以解釋。

（十一）

通常關於人的生命，總是去著眼分析生理的延長的機械作用，以引導我人去解決長壽問題，但在目前，這方面的知識實在太不完全，絕難見諸實用。我們以前之修行家，有過午不食的辦法，此則因饑餓亦正是吾人器官組織的改變和清潔運動。又有靜坐以替代睡眠之辦法，此則因對於睡眠之抵抗，亦可引動許多器官，從事習練，以獲得有益的強力。

關於人的疾病，我人每見有人素不害病，但一病即死者。蓋疾病並不是一個實體，那只是表現人體對於病原力的適應，與其適應過程中所表現之現象的總和。以前白居易也曾說「病時正是天假以休息」，故疾病的處理得當，正是生命的法寶。

我們與宇宙及其他的個體，完全獨立並相對立之觀念，乃是一大幻覺，我們的身體是由外界而輸入於體內的各種化學物質，加以個體化成的，此正是所謂「萬物皆備於我」，和「仁者以天地萬物爲一體」。要知一個「個體」，實是宇宙中的創造者及中心，此即所謂「人者天地之心也」。

「仁者無對」，但現代將「個體」的觀念與人類的觀念，完全混同，由此以使人現代化，實是嚴重的錯誤，蓋如此一來，則已不復是「爲仁由己」，而終將成爲麻木之機械人。

加利略阿氏區別事物的根本性質有二種：即「因次」與重量，皆可衡量。其二等性質如色味形等，是不能衡量的。於是質與量，從此分開。物質的第一種抽象觀念，是永遠佔了優勢，爲人所趨。至於二級的質，則都將其忽視。

又自笛加圖氏（Descartes）創建了物質與靈魂的二元的區別以後，量與質的分離尤爲顯著，而精神現象的表現，即成爲不可解釋了。物質亦與精神截然分開，我人在此等大錯誤之中，被引到現代文化之路，在這上面，科學雖是勝利，而人則失敗。因此，歐洲文藝復興以來的思想，實應重新檢討，以奠定我人的方向，並自由對我人所要知道的東西，換個觀念去觀察。如此，物質便首先要失去其獨佔的地位，精神的活動與生理的活動等，其重要性便不能忽，而生命科學的研究，即爲首要之圖了。

在生活上，人類應當構成相宜的社會與經濟的環境，以爲個體而有，而不是將個體去構成環境，個體絕不應作爲工具，在原子能的時代，加以電氣和近代機械，個人所有的小工場是可能的事，如此一來，人便不致成爲機器的一個零件，而可重新回到他的個體。這是人類生命應有的美景，必須如此，人的壽命的延長，才有其意義和價值。

無機物的科學，將我們引到目前的地步，那已不是我們固有的鄉土。目前的個體，皆屬狹隘、怪癖、無道德、無知識，無自己指導自己、建設自己的能力。而照加勒氏（A.

Carrel）之說，生物科學則給我們揭開了很可寶貴的秘密，即我們身體和意識的發展律，因此之故，我們要承認二十世紀爲生物科學的世紀，實有助於生命的解釋，亦有助於生命之安頓。

附二、劉邵《人物志》與陳襄《經筵論薦》

——不信仁賢，其國空虛——

（一）

我在我近著之《中國農業政治》一書中的〈治才篇〉內，曾有如次的一段話：

「魏劉邵《人物志》在中國農業政治的治才論中，是一部了不起的奇書。而宋陳襄的《經筵論薦》，則更是將當時天下人才，都盡歸筆下。劉邵之書，那還只是一部原則的書，並代表中國農業政治上的初期治才論的見解，那是多少反映著我國第一期的人學思想。而陳襄的《論薦》，則更是中國治才論的原則之靈活的應用，並可代表中國農業政治上第二期治才論的見解。那是全般反映著宋明理學家的思想，亦即我國第二期的儒家思想。」

儒家以知人為知，以「其人存，則其政舉」，並以「舉賢才」為為政之要，其用心著眼之處，總在如何「爲國求賢」、「爲國求才」。所謂「國無仁賢，其國空虛」，這便使現代有了一種流行之說，即儒家主張的是人治，不是法治。其實在政治上，識拔並善用政治的人才，與此流行之說，完全是兩回事，這且不談。

（二）

在政治上，對政治人才的處理，有兩個最主要的問題，第一是人才的標準，第二是人才的獲得。關於人才的標準，那是有整個文化上的背景的。關於人才的獲得，那是有整個制度上的運用的，這決不是一般流行的所謂人事管理，或人事行政，以致所謂人事科學，讓問題孤立起來，所可解決於萬一的。人事科學能夠成立的前提，在把人事看成是「技術」，但當人事畢竟是技術以上或不僅僅是技術的時候，那人事科學也畢竟是科學以上或不僅僅是科學。人事科學因現代工商業的發達而來。但列寧的布爾雪維克黨，莫沙里尼的法斯西黨和希特拉的納粹黨，也就利用了人事科學的發展而至。蓋既把人事看成是技術，其緊接而至的，便是把人看成是機器，更緊接而至的，便是把人看成是零件——一個大機器下的小零件。小零件的組合，是「小組」。列寧等人的黨的基礎，就是這「小組」。馬克斯資本論的第一章是商品。列寧最陰狠的大發明是「小組」。我們一般所說的小組，是幾個人在一塊會議的小組，但自列寧等人視之，這是毫無意義的小組，因爲這樣絕對不能形成一個政治的大機械。其實小組到了列寧手裏，已成小塊，而非小組。人事科學於此更毀滅了人事。這是人事科學發展到了極點，但也就是人事科學之窮了。這一點認識，在對劉邵《人物志》與陳襄《經筵論薦》的了解上是很重要的。越知道人事科學之窮，就越知道他們的價値之所在。

（三）

從表面上看人才的標準，是因所謂「時代」而異的。在西方產業革命以前，凡是帶著一些騎士型或英雄氣的都是天才。但產業革命後，例如英美，就一變而爲具備一些商人氣或企業家的頭腦的，都是人才。而到了蘇俄，則又一變而爲一批從事群眾運動的活躍分子，並極盡機變之巧，富於流氣者，都成了人才。此在我國，人才的標準，也正契合了每一朝代的風氣。於是唐宋明清的人才面目，各有不同。而東西兩漢的人才面目，也有差別。魏晉南北朝，更不消說。惟自清末以通洋務爲人才後，一變而爲洋氣即人才，再變而爲活動即人才，更變而爲漂亮即人才，此則振古所未有，亦西方之所無。於此，古之所謂「聖之時」，所謂

「識時務者爲俊傑」，到現在竟成了講時髦就是人才，合時趨時就是好！這眞是一大惑亂。只不過在所謂「時代」的背後，卻儘有其一股文化精神，一脈相承，作其背景。此在西方，不論是騎士也好，英雄也好，商人也好，企業家也好，那總是才華，智性（方以智）與夫一偏之氣，在那裏作主，在那裏呈現著精彩。到以機巧陰私而富流氣，以至晦濁黠然之活躍分子，成了政治的人才，甚至政治的領袖時，那便是才華之末，智性之賊與夫戾氣之盛，但仍然是才華，智性與夫一偏之氣在那裏作主，在那裏放射出毒燄。說到中國，則歷代相承，總是「君子喻於義，小人喻於利」，和「君子難進易退，小人易進難退」的。故其間除了秦代是以吏爲師，和曹操之「寧可使我負天下人，不可使天下人負我」，並欲求人才於不忠不孝之門以外，那總是性情，仁性（圓而神）與夫正面精神，在那裏作主，在那裡建立著綱常。

到以洋氣、活動與夫漂亮分子，浮在社會和政治的上層時，那便是性情之災，仁性之毒與夫正面精神之窒息。但此窒息與災毒，實來自近百年來中西文化精神之衝突，而非來自中國文化精神之本源。所謂洋氣、活動、漂亮等人才標準，正所以說明兩種文化交流激盪以至衝突時，失去了文化上的自信，而應有的一種現象。這一現象實乃湧現於一漫無標準的渾沌狀態中，其影響所至，較之曹魏與司馬氏所引起的五胡亂華，使中土無生人之氣，還會更慘。目前中國的大陸，就是一種事實的顯示。政治全未能作其生命的安頓，而只能成爲都市女子的旗袍，大家講究的只是一些花樣。在那裏，只要會出花樣的，就是人才，那眞是方便極了。易窮則變，變則通，現在人才的標準，已是在大大的轉變中。根據這一點，現時，對劉邵《人物志》與陳襄《經筵論薦》的了解，是很迫切的。越知道人才標準之失，就越知道他們的價值之所在。

（四）

關於人才的獲得，中西兩方實大有難易之別。在中國自古即有「才難」之嘆，而在西方，則主政者幾無人以此爲念。若夫蘇俄之整肅，則更視人才如犬羊，大有屠之不盡，剗之不絕之概。在此兩方面都有其制度上的運用，但一方面卻儘有其制度上的超越，而另一方則賴有其制度上的輔助。我們對人才的獲得，儘有其養士、選舉、論薦與夫科舉等制度，在客觀化的程度上，每一朝代都有進步，實非外方所能企及，但終以「君子之道，黯然而日彰」，性情之才，多山林之氣，有非制度所能及，遂尤賴主政者之勤求力訪、出以至誠，始能有濟。所以是「才難」。

歐美的民主國家，人才多由選舉而至，但使此「選舉」能發生我們所難獲得之實效者，實賴其社會事業與文化團體之輔助。其人才大都是先在各種社會事業與文化團體中顯露頭角，人人可見，故人人遂得從而選舉之。而其所以顯露頭角，則由其喜逞精彩。才華之人，必逞精彩。此中更深的根據，是在其文化精神的本身。我們之需三顧而出者，在彼則固挺身而至。其爽快處，正其所以不憾「才難」之處。

至於極權國家，則一切人才歸於「零件」，所有零件又歸於「黨」，這自更可任其取捨了，惟此中取捨，實是以人才為芻狗，其效或可見於一朝，但其害，必至遺留於千載，這雖是獲得人才最為容易。但以才為易，究不如以才為難。從整個歷史上說，「才難」之道，終是性情之道，而性情之道，終是可久可大之道。惟以性情之道而談民主，則除選舉須有論薦與考試之意，政黨須具求賢與養士之義以外，則竭力扶助社會事業與文化學術團體之發達，以期轉而輔助政治人才之獲得，實乃解決「才難」之一正當途徑。

有性情之才，纔有性情之治。此性情之治加以性情之教，會就是儒家的所謂「道之以德、齊之以禮」。如果「人治」的定義是這樣，那麼說儒家的主張是人治，也就未嘗不可。但這如何會是重人不重法呢？相反的，「一家哭何如一路哭」？那是更合乎性情之治和性情之教的。

還有以前在我國，歷代都以為「有非常之功，必待非常之才」，所以凡是大有為之人，總以求賢求才為急務，並無時無地不留心人才，愛護人才和培育人才。其實，這在外方也並非兩樣。遠的不說，近如英國鮑爾溫之培植邱吉爾和邱吉爾之識拔艾登，美國羅斯福之培植艾森豪，和艾森豪之識拔尼克森，就是一個很好的例子。即在蘇俄，以前列寧之始終成全托洛斯基，也就不易，只到了史太林的時候，才不斷地整肅。目前世界上，存有一個很大的觀念上的混淆，即把人才的獲得和群眾與幹部的獲取，混為一談。此風起於歐美一般的多黨政治，而極盛於莫沙里尼、希特勒與史太林等的一黨極權政治。在多黨政治裏，所謂獲取民眾，還不過是獲取民眾的選票，所謂找幹部，也不過是獲取助手而已，此則事極單純。雖如此一來，會把政治上人才的獲得，混為一談，從而降低了人才的應有的標準，但其流弊，猶不甚大。

惟在極權政治裏，由狐媚群眾而掌握群眾，由掌握群眾而奴役群眾。更由網羅幹部而驅使幹部，由驅使幹部而整肅幹部，此與人才的獲得，混為一談，遂至使天下人盡成奴才與狗才而後已。此在我國以前，則正是一個最好的對照。我國以前是把人才的獲得和能否克盡師友之道，併為一談的。商湯之於伊尹，固如孟子所言，乃是「師焉而後臣之」。就是漢高之於張良，也是把張良當作朋友，而非看成為幹部的。若唐太宗之於魏徵，兩方原是敵對，終於因一方面的推心置腹，並降心相從，遂獲得了另一方面的敢言直諫，以克盡職責。因師友而得人，因得人而昌盛。

有國家者，全都是「得人者昌，失人者亡」。國家政治的維繫，有賴於師友之道，這和外方之靠警察、僧侶、軍隊甚至秘密警察、特務人員以維繫政權，眞是大不相同。在我們人才之道、師友之道和性情之道是一貫的，這一點，在對劉卲《人物志》與陳襄《經筵論薦》的了解上，是亟需認識著的。越認識人才獲得之難，就越認識他們的價値之所在。

（五）

在劉卲《人物志》與陳襄《經筵論薦》內，有一個共通的論點，那就是「求人才於天性之中」。惟陳襄在帝側講學、知人論世之餘，更無形中於其論薦三十三人品目裏，揭出了「以經爲體，以史爲用」之義，並特以「長於經術，明於經術」爲貴。其論蘇東坡謂其「不長於經術」，用意尤爲深遠。凡此我皆於所著《中國農業政治》書中〈治才篇〉內有所申論。《人物志》之論人，有下列五點極重要，實應細細體會一番：

1. 人才之本，出乎性情，性情之理，甚微而玄……凡人之質量，中和最貴矣。

2. 觀人察質，必先察其平淡，而後求其聰明。

3. 一徵謂之依似，依似亂德之類也。一至一違，謂之間雜，間雜無恆之人也。無恆依似，皆風人末流，末流之質，不可勝論。

4. 夫中庸之德，其質無名，故鹹而不鹻，淡而不䪴，質而不縵，文而不繢，能威能懷，能辯能訥，變化無方，以達爲節，是以抗者過之，而拘者不逮，夫拘抗違中，故善有所章，而理有所失。

5. 主道得而臣德序，官不易方，而太平用成，若道不平淡，與一材同用好，則一材處權，而眾材失任矣。

關於《經筵論薦》，史稱古靈（陳襄）先生「在講筵薦司馬溫公以下三十三人，神宗善之，而不能盡用也。元祐名臣，皆在其中，南渡後，高宗得其稿，詔示天下，以爲薦士者法」。其中稱：司馬光「素有行實，忠亮正直，以道自任，博通書史之學，可備顧問」。又稱韓維「氣質方重，學亦醇正，知盡心性理之說，得道於內，可以應務於外」。又稱：呂公著「道德醇明，學有原本，事君以進賢汲善爲己任」，而似此在本質上能忠亮正直，能方重，能以進賢汲善爲己任，又加以書史之學，性理之說，使學有本原，則即爲能主持大政，領袖群倫之才。故陳襄更特別說以上三人，「皆股肱心膂之臣，不當久外」，其所謂「股肱心膂之臣」，實即是國家行政領袖之人。至其說「范純仁器謝通明，忠義骨鯁，足濟大事」；說「顧臨才豪氣剛，並有識略，喜於聞過，可屬以危難之事」；說「王安國材器磊落，罪廢不忘進學」；說「虞大熙治經有行，不苟於進，可充臺閣」；說「程顥性行端醇，明於義理，可備風憲」；說「張載養心事道，不苟仕進，西方學者，一人而已」；說「孫奕士行著於鄉閭，節義信於朋友，所至以善政聞，可當一路」等語，固皆爲從性情上以著眼，從天性中求人才。必有其本原，再加以學問，方能於世有所濟。凡此人才之論，與西方一些「天才論」者之所謂「天才即瘋狂」，實是截然不同之兩個方向，兩件事體。而在我們這裏，則一切都據常道以言。在外方，則總是從變道說。其實論人論世，終不能只從變道說，因此之故，劉邵之《人物志》與陳襄之《經筵論薦》，實可謂眞正論人之學，或眞正之人學。由此發展，實儘有其無窮無盡之義蘊，而對人世，亦儘有其無窮無盡之價値。

孟子曰：「不信仁賢，其國空虛。」不信仁賢，即無仁賢，而不識仁賢，即不信仁賢。我人對劉邵《人物志》與陳襄《經筵論薦》，若能眞予以體會，並能善予以應用，則於認識仁賢之道，實可獲其若干把柄。

附三、禪門精語

1. 丈夫自有沖天志，不向如來行處行。
2. 遇種種稱意不稱意事，心無退屈。
3. 如香象渡河，截流而過，更無疑滯。
4. 能照破有無境，是金剛慧，即有自由獨立分。
5. 知解屬貪。
6. 三句者不住貪染，亦不依住不貪染，亦無不依住知解。是名般若。

7.世人不悟，只認見聞覺知爲心。爲見覺覆。不睹本體。但直下無心，本體自現。然本心不屬見聞覺知，亦不離見等。但莫於見等上起解，亦莫於見等上動念。亦莫離見等覓心，亦莫捨見等取法。不取不捨，縱橫自在，無非道場。心境雙忘，乃是眞法。忘境猶易，忘心至難。人不敢忘心，恐落空無撈摸處。不知空本無空，只是一眞法界。

8.無人我等相，終日不離一切事，不被諸境惑，名自在人。念念不見一切相，安然端坐，任運不拘，名解脫。

9.只要你不受惑，要用便用，更莫遲疑。如今病在不自信，被萬境回喚不自由。若歇得念念馳求心，便與佛祖不別。

10.隨處作主，立處即眞。

11.了即業障本來空，未了還須償宿債。

12.馬祖問石鞏曰：作麼生牧牛？答：一回入草去，驀鼻拽將回。曰：子眞牧牛。長慶安問百丈：何者是佛？丈曰：大似騎牛覓牛。問：識得後如何？丈曰：如人騎牛至家。曰：始終如何保任？丈曰：如牧牛人，執杖視之，不令犯苗稼。安後云：三十年只看一頭水牯牛，若落路入草，便把鼻孔拽轉，纔犯苗稼，便鞭撻。調伏既久，可憐生受人言語。如今變作露地白牛，常在面前，終日露迥迥地，趁亦不去。

13.德山曰：汝但無事於心，無心於事，則虛而靈，空而妙。

14.曹山云：元是舊時人，只不行舊時路，若有忻心，還成滯著。若脫得，揀什麼？今人愛淨潔路，此病最難治，世間粗重事卻輕，淨潔病最重。……若作得主，即是不變易。

15.二祖混跡酒肆屠門，曰：我自調心，何關汝事？

16.世間粗重事，但知有即得，不要免，免則同變易也。

17.能照智本空，所緣境亦寂。寂而非寂者，蓋無知寂之人。照而非照者，蓋無所照之境。境智俱寂，一性怡然，乃還原要道。

18.慈明歌曰：牧牛童，實快活，跣足披衣雙角濶。橫眠牛上向天歌，人問如何牛未渴？回首看，家田濶，四方放去休攔遏。八面無拘任意遊，要休只在索頭撥。小牛兒，順摩捋，角力未完難提掇，且從放在小平坡，慮上高峰四蹄脫。日已高，休吃草，捏定鼻頭無少老。一時牽向圈中眠，和泥看伊東西倒。笑呵呵，好不好？又將橫笛順風吹，震動五湖山海島。倒騎牛，脫布襖，知音休向途中討，若問牧童何處居？鞭指東西無一少。

19.巖頭云：他得底的人，只守閑閑地，二六時中，無欲無依，自然超諸三昧。

20.人生各有緣分，不必厭喧求靜，但中虛外順，雖鬧市沸湯，亦恬然安穩。

21.誌公云：不起纖毫修學心，無相光中常自在。

22. 隨緣消舊業，更不造新殃。

23. 理則頓悟，乘悟併消，事則漸除，因次第盡。

24. 做無心工夫凡十：①覺察②休歇③泯心存境④泯境存心⑤泯心泯境⑥存境存心⑦內外全體⑧內外全用⑨即體即用⑩透出體用。

25. 臨濟云：有求皆苦，不如無事。

26. 六祖曰：終身不退者，定入聖位。

27. 未悟之人，則貴眼正，既悟之後，全重行履。

28. 行住坐臥四威儀中，到處在不異變處行。

29.西天老祖，識得喚作佛性，不識喚作精魂。

30.梵志擎花兩株供佛，佛曰放下，志放左右手花已。佛更詔放下。志曰：兩手皆空，更放下什麼?佛曰：汝當放外六塵，內六根，中六識，一時捨卻。無可捨處，是汝免生死處。

31.初祖安心法門云：迷則人逐法，解則法逐人。

32.智者任物不任己，即無敢捨違順。

33.六祖：此法門無念爲宗，無相爲體，無住無本。

34.善能分別諸法相，於第一義而不動。

35.若見諸境，心不亂者是眞定也（六祖）。

36.永事覺參，遶師三匝，振錫而立。師曰：大德自何方來？生大我慢。覺曰：生死事大，無常迅速。師曰：何不體取無生，了無速乎？覺曰：體即無生，了本無速。師曰：如是如是。覺方體拜。須臾告辭，師曰：返太速乎？覺曰：本自非動，豈有速耶？師曰：誰知非動？曰：仁者自生分別。師曰：汝甚得無生之意。曰：無生豈有意耶？師曰：無意誰當分別？曰：分別亦非意。師曰：善哉，時謂一宿覺。

37.實性者，凡不減，聖不增，住須惱不亂，居禪定不寂，不斷不常，不來不去，不在中間及內外，不生不滅。性相如如，常住不遷，名曰道。

38.兀兀不修善，騰騰不造惡，寂寂斷見聞，蕩蕩本無著。

39.覺禪師云：眼見一切色，眼不屬一切色，是自性解脫。

40.智達師云：境虛心寂寂，心照境冷冷。

41.宗鏡：以即心無心故，心恒是理，不得心相，即是眾生不生。即理無理故，理恆是心，不動心相，即是佛亦不生。

42.《寶雨經》云：如理思惟，即是供養一切如來。

43.寒山云：萬境俱泯跡，方見本來人。

44.盡十方世界覓一人爲伴不得。

45.僧舉洞山云：兄弟東去西去，直須向萬里無寸草處去。良久云：只如無寸草處，作麼生去？石霜云：有人下語否？答無。霜曰：何不道出門便是草。僧回舉洞山，洞曰：瀏陽乃有古佛耶？太陽云：便不出，亦草漫漫地。圓通云：且道脚跟下作麼生？若道萬里無寸草，許你見洞山。若道出門便是草，許你見石霜。若道不出門亦草漫漫，許你見太陽。若總道不得，許你參見延聖。何故？惟有好風來席上，更無閑話落人間。

46.雲門問：密密處爲什麼不知有？古德答：只爲密密，所以不知有。問此人如何親近？答：莫向密密處親近。問不向密密處如何？答始解親近。門曰：諾諾。

47.雪巖於睡著無夢想聞見地，又打作兩橛，痞寐恆一之說，又透不過，礙在胸中。十年後，來東天目，見一株古柏，觸著向來所得境界，和底一時颺下，自此不疑生死，不疑佛祖。

48.百丈云靈光獨耀。臨濟云：歷歷孤明。洞山云：三更初夜月明前。又古云：父母未生前主公安身立命處，死了燒了向什麼處相見？

49.眞淨云：人人有個天眞佛，妙用縱橫總不知。今日分明齊指出，斬蛇舉拂更由誰？

50.南泉語僧夜來好風。問什麼風？泉曰：吹折門前一株松。問是什麼松？又語一僧夜來好風。問什麼風？泉曰：吹折門前一株松。問是什麼松？泉云一得一失。又趙州到一庵，問有麼有麼？主豎拳。州曰：水淺不是泊船處。又到一庵，問有麼有麼？主豎起拳。州曰：能縱能奪，能殺能活，便作禮。

51.靈雲見桃花悟道，偈曰：三十年來尋劍客，幾回落葉又抽枝，自從一見桃花後，直至如今更不疑。溈山囑曰：從緣悟達，永無退失。玄沙拈曰：諦當甚諦當，敢保老兄未徹在。沙問地藏，汝作麼生會？藏云：不是桂琛，即走殺天下人。妙喜云：一家有事百家忙。頌沙語云：打破鬼門關，日輪正當午，一箭中紅心，大地無寸土。伊庵曾請益華藏老人，答曰：釋迦老子也未徹在。

52.問洞山蛇呑蝦蟆，救則是，不救則是？洞山曰：救則雙目不睹，不救則形影不彰。幻寄曰：洪州廉使問馬祖吃酒是，不吃是？祖曰：吃是中丞祿，不吃是中丞福。人問國一師，郵舍到羊，一人救，一人不救，罪福異乎？國曰：救者慈悲，不救者解脫。此三尊宿，一人雷轟電掃，卻墮漏見滲。一人珠輝玉潤，卻墮情滲漏。一人山高水深，卻墮語滲漏。

53.世尊睹明星悟道，古德頌云：因星悟道，悟罷非星，不逐於物，不是無情。

54.初祖命徒言所得道，慧可禮拜依位立，祖曰得吾髓。

55.衡嶽道一師坐禪，讓問圖什麼？一曰：圖作佛。讓取甎磨，一日磨什麼？讓曰：磨作鏡。一曰：磨磚豈得成鏡？讓曰：坐禪豈得成佛？一曰：如何即是？讓曰：如牛駕車不行，打車是？打牛是？一無對。

56.臨濟曰：煦日發生舖地錦，嬰兒垂髮白如絲（奪人不奪境）。王令已行天下遍，將軍塞外絕烟塵（奪境不奪人）。并汾絕信，獨處一方（人境俱奪）。王登寶殿，野老謳歌（人境俱不奪）。諸方目為四料揀。濟又云：中下根來，我奪境不除法，中上根便境法俱奪，上上根便境法人俱奪。如出格見解人來，便全體作用，不歷根器。到這裏學人著力處不通風，石火電光即過，擬心即差。若眼定動，即沒交涉，有解者不離目前。又云，先照後用有人在，先用後照有法在。照用同時，驅耕夫之牛，奪饑人之食，敲骨取髓，痛下針錐。照用不同時，有問有答，立賓立主，合水和泥，應機接物。

57.三山云：僧人問甚處人或甚麼人，先照。待伊定動，或棒或喝，是後用。僧來便打便喝，先用一法。隨云還會麼？汝道是什麼意？是先用後照。僧來，棒喝看他如何承當下語，即用即照。僧來云，汝來也，或打一棒，看他如何支遣答應，再作商量，不拘一格，是照用不同時。

58.僧問汾陽，如何是學人著力處？答嘉州打大象。問學人轉身處，答陝府灌鐵牛。問學人親切處，答西河弄獅子。乃曰若人會此三句，已辦三玄，更有三要語在，切須薦取。頌云：三玄三要事難分，得意忘言道易親，一句明明該萬象，重陽九日菊花新。

59.問第一句，臨濟曰：三要印開朱點窄，未容擬議主賓分。問第二句，濟曰：妙解豈容無著問，漚和爭負截流機。問第三句，濟曰：但看棚頭弄傀儡，抽牽全藉裏頭人。乃曰：大凡演唱宗乘，一句中須具三玄門，一玄門須具三要，有權有實，有照有用。（汾陽）頌曰：第一玄法界廣無邊，森羅及萬象，總在鏡中圓。第二玄釋奪問阿難，多聞隨事答，應器量方圓。第三玄直出古皇前，四句百非外，閶氏問豐干。

60.洞山綱要偈：①敲唱俱行（亦名金針雙鎖）。偈曰：金針雙鎖備，叶路隱全該。寶印當風妙，重重錦縫開。②金鎖玄路，偈曰：交互明中暗，功齊轉覺難，力窮忘進退，金鎖網鞔鞔。③不墮凡聖，偈曰：事理俱不涉，回照絕幽微，背風無巧妙，電火爍難追。

61.曹山云：正，空界本來無物。偏，色界有萬象形。正中偏，理就事。偏中正，事入理。兼帶者，冥應眾緣，不墮諸有。非染非淨，非正非偏，故云虛玄大道，無著真宗，唯此位最玄妙。僧問君，答：妙德尊寰宇，高明朗太虛。問臣，答：靈樞宏聖道，真智利群生。問臣向君，答不墮諸異趣，凝情望聖容。問君視臣，答妙容雖不動，光燭本無偏。問君臣道合，答混然無內外，和融上下平。

62.曹山四禁：莫行心處路，不掛本來衣，何須正恁麼？切忌未生時。

63.曹山曰：夫取正命食者，須具三種墮：一、披毛戴角是類墮（拈云：雖行畜生行，不得畜生報）。二、不斷聲色是隨墮（拈云：見色非干色，聞聲不是聲）。三、不受食，是尊貴墮（拈云：不裝珍御服，來著破襤衫）。

64.有時翠竹盡是眞如，有時黃花決非般若。

65.漢月靈芝庵拈花云：此法之本，本無法也。無法豈無？本有法也。無法而付，即有法也。法法何法？即無法也，此有而無，無而有，不可有無，有無不可者也。據云一「○」爲千萬佛之祖，又作一以明「○」之旨。

66.藏公立四殺雄云：抹殺法中英雄者，謂其能以舉一爲用也，驗盡法中英雄者，謂其能以大機爲用也，奪盡法中英雄者，謂其能以抽爻遜位爲用也，瞞盡法中英雄者，謂其能以前定不滿爲用也。

67.境雖無相，常爲智緣，智雖無緣，常爲境發。非實非不實，非相非不相，遮照同時，正是宗門恰好正眼。

68.宗門客，事來不受，一切處無心。不變異處去，去亦不變異。

69. 高峰枕墮悟徹主，崆峒聞鐘連主不可得。

70. 只是舊時人，不改舊行履。

71. 首山云：一言截斷千江水，萬仞峰頭始得玄。

國家圖書館出版品預行編目資料

一個人的完成／程兆熊著. -- 初版. -- 新北市：華夏出版有限公司, 2022.07

面； 公分. --（程兆熊作品集；06）

ISBN 978-626-7134-20-7（平裝）

1. CST：人生哲學

191.9 111007212

程兆熊作品集 006

一個人的完成

著 作 程兆熊
印 刷 百通科技股份有限公司
電話：02-86926066 傳眞：02-86926016
出 版 華夏出版有限公司
220 新北市板橋區縣民大道 3 段 93 巷 30 弄 25 號 1 樓
電話：02-32343788 傳眞：02-22234544
E-mail pftwsdom@ms7.hinet.net
總經銷 貿騰發賣股份有限公司
新北市 235 中和區立德街 136 號 6 樓
電話：02-82275988 傳眞：02-82275989
網址：www.namode.com
法律顧問 呂榮海律師
台北市錦西街62號 電話：02-25528919
版 次 2022年7月初版一刷
特 價 新台幣 240 元 （缺頁或破損的書，請寄回更換）

ISBN-13：978-626-7134-20-7
《一個人的完成》由程明琤授權華夏出版有限公司出版